P: 2745

porté par l'auteur

D. 6873.

AVIS IMPORTANT
AUX
REFUGIEZ
Sur leur prochain retour en
FRANCE.
Donné pour *Estrennes* à l'un
d'eux en 1690.
PAR
Monsieur C. L. A. A. P. D. P.

A AMSTERDAM,
Chez JAQUES LE CENSEUR,
1690.

AVERTISSEMENT AU LECTEUR.

'Avis aux Refugiez qu'on donne ici au public me surprit extremement dés la lecture des 5. ou 6. premieres pages. C'est un de mes anciens amis qui en est Auteur, Avocat de titre, mais qui s'est moins occupé au Barreau, qu'à la lecture des Livres de controverse. La diversité de Religion n'a jamais empeché qu'il n'y ait eu toûjours entre nous beaucoup d'amitié, cultivée par des services mutuels, à quoi contribuoit la

* 2   com-

Avertissement au Lecteur.

communauté de Province, & de parens. Quoi qu'il se fist attaché à Mr. l'Archevêque de Paris, quand les conversions commencerent d'être à la mode, & qu'il eust publié quelque livre tendant à cette matiere, il s'en departit quelque tems aprés, voiant qu'on ne procedoit pas de droit pied. Je lui dois rendre témoignage qu'il a hautement desaprouvé les Dragonneries, & j'ai reçu de lui des marques d'un tres genereux ami quand j'ai pris le parti de sortir de France.

C'est ce qui m'a causé le plus de surprise dans la lecture de cet écrit; je ne me sens point coupable d'avoir manqué à rien de ce que l'ancienne liaison qui étoit entre nous, & les derniers services que j'avois reçu de lui requeroient de moi, cependant il me choisit entre plusieurs Refugiez de sa connoissance pour me rendre le depositaire d'un

tas

Avertissement au Lecteur.

tas d'indignités qu'il a versées sur le papier avec la derniere aigreur, tant contre tout le corps des Protestans, que contre ceux qui ont cherché hors de France, leur cruelle maratre, & non pas à proprement parler leur patrie, un asyle pour y servir Dieu selon la pureté de la foi. Le sujet de ces manieres si dures, si outrées, & si éloignées de l'equité & de la moderation que j'ai toûjours remarquées en lui, c'est premierement que les Refugiez étant en lieu de pouvoir se plaindre en liberté des traittemens barbares & veritablement dignes de la Religion de l'Antechrist autant qu'indignes de toute sorte d'humanité, qu'ils ont souffert en leur pays, ont publié leurs plaintes contre la France assez vivement. C'est en 2. lieu que les Protestans de l'Angleterre & de l'Ecosse n'ont pas été assez simples après tant d'experiences qu'on a des

Avertissement au Lecteur.

la mauvaise foi, & de la cruauté de l'Eglise Romaine, de se laisser mener à la tuerie comme des brebis muettes, ayant mieux aimé selon les loix & les privileges de leur Nation secouër le joug, s'affranchir de l'esclavage, & recevoir le liberateur que Dieu leur a suscité, comme il fit souvent à son peuple d'Israël au tems des Juges.

Voilà ce qui a tellement irrité la France que les personnes qui y avoient eu quelque compassion de nôtre sort, l'ont depouillée, & je sai des gens qui en sont venus depuis peu, que si la crainte qu'on y a des soulevemens, pendant qu'au dehors les perils sont si extremes, ne faisoit dissimuler l'indignation qu'on a conceuë contre tous les Reformez depuis ce qui s'est passé en Angleterre, on en seroit déja venu au massacre contre les pretendus faux Convertis. Pour moi je n'ai point cru que les marques
de

Avertissement au Lecteur.

de cette indignation que j'ai vu rejallir sur moi & sur tous mes freres dans l'écrit qu'on m'a adressé, ne fussent une renonciation d'amitié qui me donnoit droit de repousser en même stile des attaques si outrageuses. J'ai donc fait d'abord dessein de faire à cet ancien ami une reponse si vigoureuse qu'il se repentist de m'avoir si durement & si malignement provoqué. Le Lecteur ne trouvera pas que mon ressentiment aille trop loin, quand il saura ce que c'est que la piece qu'on m'a envoyée, & que je publie.

Mais pour bien connoitre la justice de mon ressentiment, & de la vehemence que l'on verra dans ma reponse, il faudroit que l'on vit l'Avis aux Refugiez tel que je l'ai reçu. On y verroit cent endroits d'un emportement inoüi contre nos Auteurs les plus recommandables par l'excellence de

* 4   leurs.

Avertissement au Lecteur.

leurs écrits, & par les grands services qu'ils ont rendus à l'Eglise, dont il y a même tel qui est à present dans la Prelature. On verroit que l'Autheur de l'Avis, en faisant seulement semblant de raporter ce qu'il entend dire, & de se croire obligé par un reste de consideration, de m'en avertir, attaque avec fureur ce que nous devons le plus venerer parmi nos Pasteurs, & s'en prend personnellement à presque tous nos Ecrivains, d'une maniere, il me pardonnera s'il lui plait le mot, tres mal-honnête. J'ai retranché absolument tous ces endroits, je n'y ai rien laissé où l'on pust aisément reconnoistre quelque Auteur particulier, excepté à l'égard de 2. ou 3. où il a fait de faux pas sur quoi j'ai dessein de le relever, & qui m'ont paru necessaires afin que le Lecteur connut plus facilement l'injustice ou la trop grande delicates-

Avertissement au Lecteur.

catesse de ces Messieurs. Ils nous font un crime de ce que nous nous plaignons vivement des plus énormes barbaries, & des injustices qui font dresser les cheveux; tout leur paroit libelle, Satyre, & ceux-mêmes qui gardent le plus de mesures, leur semblent les plus artificieux Satyriques. Quoi de plus injuste?

L'ancienne Rome qui a veu tant de tyrans execrables en a bien vu qui defendoient aux malheureux dont les parens avoient été immolez au caprice de ces bêtes feroces, d'en pleurer, & d'en gemir, mais elle en a veu d'autres qui avoient au moins ce reste d'humanité d'endurer que les malheureux se plaignissent. Et pour nous on nous vient persecuter jusques dans ces retraittes que la pieté & la charité de nos freres nous ont fournies dans les païs étrangers; on ne nous voudroit pas permettre

Avertissement au Lecteur.

si on pouvoit l'empêcher, que nous ouvrissions la bouche pour faire connoitre les maux qu'on nous a fait souffrir si barbarement & si injustement. On tache de noircir comme des medisans & des calomniateurs une infinité de bonnes ames, des gens d'honneur, & de vertu, qui aprés avoir tout quitté pour leur Religion, meinent une vie tout à fait édifiante, & sanctifient les souffrances à quoi Dieu les a appellez pour son Saint Nom. Mais c'est sur quoi je m'étendrai, Dieu aidant, dans ma réponse, devant cela à la verité & à la justice en l'honneur de mes chers Freres les Refugiez de France, en Angleterre, en Hollande, en Allemagne, en Suisse &c.

Ce ne sont pas seulement nos écrivains qu'il a mal traittez en personne dans les endroits que j'ai supprimez, il a de plus porté sa critique perçante & maligne

sur

… sur les personnes du plus haut rang, & en particulier sur le HEROS qui a delivré en delivrant ses Roiaumes, toute l'Europe d'une oppression qui l'eust bien tôt reduite en pire état que n'est aujourdhui l'Asie, & la Grece, sous la domination Ottomanne.

Ce Liberateur de la Chrêtienté, & specialement de la Religion Protestante dont on avoit conjuré la perte, est l'objet des benedictions de tout le monde excepté en France, pour les raisons que chacun sait. Nôtre même Auteur n'a pas épargné cette Republique florissante, le soutien & l'appui de la vraie Eglise, la Hollande en un mot, que Dieu forma au dernier siecle dans ses grandes compassions, qu'il a comblée de ses benedictions temporelles & spirituelles, qu'il fit des ce temps-là un instrument pour arrêter l'ambition de ceux qui étoient alors

*6 trop

Avertissement au Lecteur.

trop puissans, & qu'il emploie aujourd'hui à la même fin.

Mais tout ce qui regardoit nos Souverains, tant en cette Ile qu'au de-là de la mer, lors qu'il a pû être entierement suprimé de ce present Avis l'a été, & je n'ai retenu sous des circonlocutions à quelques endroits prés où il a falu raporter plus cruëment l'original, que les passages qui seront discutez & refutez exactement dans la réponse que je prepare. C'est là qu'avec le panegyrique, mais en stile simple & nullement Oratoire du grand Prince que Dieu nous a donné ici en Angleterre, & de la Republique de Hollande, à qui aprés Dieu ce païs doit cét inestimable present, on fera voir à nôtre Avocat que les grands remedes des Etats ne sont point soumis aux Rubriques du Palais, & qu'ainsi toutes les Critiques des faiseurs de libelles de Paris, & leurs plaintes de manque de formali-

Avertissement au Lecteur.

malité, sont peu de chose.

La supression que j'ai faite de mille choses répanduës dans tout le corps de la piece, & qui s'adressoient durement ou à des Auteurs ou à des Princes particuliers, sera sans doute cause que le Lecteur trouvera ici bien des endroits qui n'auront rien de naturel, & qu'il sentira je ne sai quel vuide, par où il sera frustré de ce qu'il étoit naturel d'attendre là & là d'un Auteur qui a dit ce qu'on verra, n'ayant pas été suprimé.

Ce n'est là qu'une petite partie de mon projet. J'ai dessein de traitter plusieurs questions qui pourront paroitre incidentes, mais qui ne laissent pas d'entrer naturellement dans le corps de nôtre Apologie, nos adversaires ne cessant de nous insulter sur ce qu'ils appellent nos libelles, nos écrits satyriques, nos soulevemens, &c.

J'ai dessein d'examiner avec quelle justice on pourroit avoir

sus-

Avertissement au Lecteur.

suspecte une secte qui abonderoit en écrits que ses ennemis apelleroient diffamatoires, supposé qu'on les pût imputer, non à quelques particuliers, mais à la Communion en Corps.

Passant de la these à l'hypothese j'examinerai si nôtre Communion est responsable des écrits Satyriques que quelques-uns des nôtres peuvent avoir publiez.

S'il est necessaire pour se pouvoir vanter que le Corps n'aprouve pas la licence de quelques particuliers, d'avoir fait quelque acte de desaveu public.

J'examinerai à fond jusqu'où peut-être portée la force d'un prejugé que l'on fonderoit sur ce qu'une secte dans ses commencemens n'auroit pas été aussi sage & du côté de l'épée & du côté de la plume que les premiers Chrêtiens.

Et parce que nos Ennemis font semblant de croire que nos justes plaintes publiées en plusieurs de nos écrits,

Avertissement au Lecteur.

écrits, ne meritent point de réponse, attendu que nous n'avons pas cotté au derriere de ces écrits les pieces justificatives legalisées, j'examinerai en qu'elles circonstances le defaut de cette formalité peut porter coup à des complaignans, & je montrerai que les Refugiez ne sont pas dans le cas.

Ce n'est là qu'un échantillon des questions que cet écrit me fournit incidemment à examiner, & que je ne crois pas qui seront inutiles à nôtre cause, si Dieu me fait la grace avec le secours & les Bibliotheques de mes amis d'aprofondir un peu les choses.

J'ai dessein aussi de montrer que nôtre Avocat s'est engagé tres souvent à nier & à affirmer des choses qu'il devoit ou ne point nier, & affirmer, ou qu'avec bien des restrictions. Mais on ne sauroit croire sans l'avoir éprouvé combien il faut faire de lectures, & de recherches de pieces pour convaincre

Avertissement au Lecteur.

un adversaire qu'il s'est trop avancé.

La recrimination me fourniroit plusieurs volumes; je choisirai les faits les moins rebatus, & j'espere que mes amis & moi en trouveront de ceux la un assez grand nombre pour donner de la confusion à qui nous provoque & nous insulte, & de la satisfaction au Lecteur.

Je leur prepare sur tout une recrimination sur la moderation qu'ils se vantent d'avoir presentement à l'égard du feu Pape, des Espagnols, & même de nôtre grand Roi Guillaume III. que Dieu conserve. J'ai déja ramassé beaucoup de libelles ou venus de France par la poste, ou distribuez clandestinement par cette grande Ville de Londres, desquels les extraits feront voir manifestement à toute l'Europe que c'est ou de mauvaise foi, ou faute de s'être informé des choses les plus connuës, qu'on a tant vanté

Avertissement au Lecteur.

vanté la moderation des Papistes d'Angleterre & d'Irlande, & des François.

Ce seroit un prodige tout à fait nouveau que la moderation en ces gens là, & la patience des injures.

Il faut presentement cher Lecteur, que je vous dise pourquoi j'ai publié l'écrit injurieux qui m'avoit été adressé sans y apposer l'antidote que je prepare.

C'est l'étenduë de ma réponse qui demande beaucoup de recherches, & tant de temps que je ne sai si elle pourra être prette pour la fin de cette année, qui est cause que je publie seul cet Avis aux Refugiez, esperant que parmi tant de nos freres qui ont le talent de bien écrire, & la facilité des presses, il s'en trouvera qui sachant de quoi il est question, feront une réponse sommaire à ce qu'il y a de plus important & qui touche au but. Je sai & de la bouche de gens venus depuis peu de France, & par des let-

Avertissement au Lecteur.

lettres receuës de divers endroits de ce Roiaume, que nos ennemis se servent de quelques feuilles volantes qu'on imprime en Hollande, pour animer les peuples contre nos freres, & pour representer les Refugiez, comme des monstres de medisance, de calomnie, de haine contre la France, qu'il y a des Moines qui font des Extraits de quelques-uns de nos Ecrits, qu'ils en entretiennent leurs Auditeurs en Chaire, qu'ils accompagnent cela de leur Rhetorique Monachale pour produire en tant qu'en eux est une aversion irreconciliable qui aille jusques dans le Cabinet du Roy, & y fasse resoudre de hazarder plûtôt tout son Roiaume, que d'y retablir les Reformez.

J'ai donc crû qu'il étoit bon que nos freres sceussent en publiant ce qui m'a été communiqué sur quel pied on les regarde, & quelles reflexions empoisonnées on fait contre

Avertissement au Lecteur.

contre eux, espérant comme je l'ai déja dit, que quelqu'un prendroit la plume pour faire en 2. mots leur Apologie, en ne s'arrêtant qu'au gros de ces 2. points, nos Ecrits satyriques, *comme ils parlent en France*, & nos Ecrits seditieux, pendant qui j'éplucherai par le menu le present Avis, & que je n'y laisserai rien que je ne refute amplement & fortement.

Si l'Auteur des lettres sur les Matieres du tems, vouloit seulement destiner à ce dessein une ou 2. lettres, pendant que les exploits de guerre ne l'occupent pas, & qu'il a le tems de se repandre sur des incidens generaux, il rendroit un service signalé à la Cause. Ce ne seroit point beaucoup sortir de sa sphere, puis que le grand nombre d'Ecrits qui se publient de part & d'autre sont une vraie matiere du tems, sur quoi les Curieux seront ravis d'entendre le jugement d'un si judicieux Ecrivain. Il y est interes-

Avertissement au Lecteur.

teressé, puis qu'on s'en est pris à lui, & qu'on l'a melé avec les Auteurs qu'on a traittez de satyriques.

Il sera tres aisé de justifier nos Refugiez, car m'étant adressé par lettre à quelques amis de Hollande, on m'a assuré 1°. que les Ecrits concernant des avantures amoureuses, où des personnes de la premiere qualité sont diffamées, ont été composez par des Papistes, des avant qu'il y eust des Refugiez. 2°. que les Nouvelistes dont la France se peut plaindre le plus, ne sont point des Refugiez, & qu'il y en a même qui ne sont point François.

J'espere au reste que l'Auteur de cet Avis, aprés avoir consenti que je retranchasse ce que je trouverois à propos, ne trouvera pas mauvais que je l'aie fait, veu que je ne lui ai rien ôté que ce qui pouvoit lui faire moins d'honneur, aiant été fort scrupuleux à ne point omet-

Avertissement au Lecteur.

mettre ce qui étoit raison, remarque venant au fait, reflexion & objection sur la matiere, mais seulement ce qui étoit invective personnelle, ou jeu d'imagination, dequoi même je lui ai laissé peut-être trop.

Quant à ses citations qui étoient par trop entassées, j'en ai suprimé beaucoup de celles qui ne contenoient point un fait different des precedentes, & dont l'omission n'affoiblissoit point son Ecrit. J'ai mis en marge la plûpart de celles que j'ai retenuës, & traduit en François presque toûjours, selon nos versions, les passages de l'Ecriture qu'il n'avoit citez qu'en Latin.

Je hate le plus que je puis ma reponse, je consulte quantité de bons Ecrits Anglois, & j'espere que le public sera content de mon travail. Je crains seulement qu'il ne me demande trop de tems, ce qui me chagrine dans l'impatience
que

Avertissement au Lecteur.

que j'ai de témoigner à toute la terre le zele que j'ai pour celebrer la gloire du ROI GUILLAUME FAVORI DE DIEU. On le peut à bon droit surnommer tel, & lui apliquer ce que l'Ecriture dit de David, que Dieu a trouvé en lui un homme selon son cœur, qu'il l'a conduit par la main, & l'a fait seoir sur le trône, avec cette avantageuse difference qu'au lieu que David ne fut mis en possession du Roiaume de son Beaupere reprouvé de Dieu, que quelque tems aprés sa mort, Dieu a anticipé cette faveur pour le Roi Guillaume, lui aiant donné les Couronnes de son Beaupere de son vivant, sans que (ce qui est singulierement remarquable, & ne peut venir que de Dieu qui lui a fait trouver grace devant les plus passionnez ennemis de nôtre Religion) aucun Etat de l'Europe excepté la France pour des passions d'interêt particulier, y ait trouvé
à

Avertissement au Lecteur.

à redire. La TRES AUGUSTE MAISON D'AUSTRICHE dont le Zele pour sa Religion est assez connu, & tous les Princes Catholiques d'Allemagne ont aplaudi à cette bienheureuse revolution, & la maintiennent le plus qu'ils peuvent. Les Moines & les Jesuites mêmes par toute l'Europe, excepté en France, ou aprouvent, ou du moins ne temoignent pas qu'ils desaprouvent cela. Non hæc sine numine Divum.

Que ce soit Dieu qui d'une façon particuliere & tout à fait semblable à celle dont il conduisoit son peuple d'Israël, a fait cette grande revolution, & ses suittes, il n'y a que des aveugles, des stupides, ou des ingrats envers sa bonté paternelle, qui en puissent douter. Tout a été miraculeux dans ce voiage. Le dessein n'a pu qu'en être inspiré de Dieu, la raison humaine y auroit trop preveu

Avertissement au Lecteur.

veu de difficultez. La reüssite prompte & subite n'a pu être managée que par ces ressorts invisibles de la Providence qui font plus en une heure que tous les hommes ensemble en 30. ans. C'est Dieu sans doute qui a confondu & le Conseil de France, & celui de Jaques II. Naturellement ils ne se seroient pas conduits comme ils ont fait ; leur plus ardente passion étoit de faire manquer l'entreprise, & y aiant une infinité de moiens de la traverser puissamment, que les lumieres qu'ils ont d'ailleurs leur pouvoient indiquer ; ils ont pris precisément la seule route qui rendoit l'entreprise immanquable.

Non hæc sine numine Divum ?
Et disons avec le Psalmiste, au Pseaume 118.

Cela est une œuvre celeste,
Faite pour vrai du Dieu des Dieux ;
Et un miracle manifeste,
Lequel se presente à nos yeux.

AVIS

AVIS
AUX
REFUGIEZ
Sur leur prochain retour en
FRANCE.

oici, Mon cher Monsieur, l'année 1689. expirée, sans qu'il soit rien arrivé de fort memorable. Vous vous promettiez monts & merveilles dans cette année là; qu'elle seroit fatale à l'Eglise Romaine en general, plus fatale encore à la France; qu'on

A ne

ne verroit que grandes crises d'affaires, que revolutions miraculeuses, & tout ce en un mot qui est le plus digne d'une année climaterique du monde. Vous avez veu au contraire toutes choses rouler si naturellement, si uniment & si fort tout d'une piéce, qu'il seroit mal-aisé de rencontrer dans l'Histoire une guerre aussi generale que celle-cy, dont la premiere Campagne, dans la plus grande animosité des parties, ait été aussi peu chargée d'évenemens que l'année 1689. Pour le moins est-il certain que l'affaire que vous regardiez comme la plus immanquable, savoir vôtre rétablissement, n'est point arrivée.

Je ne vous le dis pas, Monsieur, pour vous insulter; à Dieu ne plaise; vous savez mes sentimens: Vous n'ignorez pas que j'ai desaprouvé la conduite qu'on a tenuë envers vous, & que j'ai

un

un regret extrême de ce que la France s'eſt privée de tant d'honnêtes gens, & de perſonnes de merite qui ont été chercher un aſyle dans les Pays étrangers. Deſorte que ſi je vois avec plaiſir que l'année 1689. n'a point répondu à vos predictions, ce n'eſt nullement à cauſe du préjudice que vous en recevez, mais à cauſe qu'on doit être bien aiſe, en faveur de la raiſon & du bon ſens, que la ſuperſtition des nombres, & la credulité populaire ſoit dementie par des experiences palpables qui puiſſent autant l'affoiblir, qu'elle ſe ſeroit fortifiée par les évenemens à quoi vous vous étiez attendus. Et pour vous montrer que c'eſt là le veritable ſujet de ma joye, Voici dés le premier jour de l'an 1690. une lettre où je vous felicite de tout mon cœur, des favorables diſpoſitions qu'on dit être dans l'eſprit du Roy pour le rétablissement de vôtre parti. Je ne vous assure pas, que tout le monde s'en rejouïsse ; il se trouvera toûjours des ignorans & de faux savans qui condamneront la tolerance de vôtre secte dans le Roiaume du Roi TRES-CHRETIEN, & du fils ainé de l'Eglise : mais je vous répons qu'en general tout ce qu'il y a de plus raisonnable dans les 3. Ordres du Roiaume aprouveront qu'on vous laisse une honnête liberté, puis qu'il n'a pas semblé bon au S. Esprit de seconder les intentions qu'on a eües de vous réunir à l'Eglise Catholique. Vous ne sauriez croire le plaisir que je ressens par avance en m'imaginant que vous ne serez pas des derniers à revenir. Je ne parle presque d'autre chose avec mes amis, & je ne vois guere de gens qui n'aient perdu par la supression de l'Edit de Nantes, quelque personne

sonne qu'ils aimoient, & qu'ils estimoient infiniment, malgré la difference des Religions, ce qui fait qu'ils s'entretiennent avec beaucoup de joye des nouvelles favorables qu'on debite sur vôtre sujet. Ainsi, Monsieur, preparez vous, tous tant que vous étes, à recevoir à vôtre retour en France, mille caresses & mille embrassemens de ceux mêmes qui sont attachez avec un zele inviolable à la Communion de l'Eglise Catholique.

Mais permettez moi de vous avertir d'une chose, vous Monsieur, & tous vos Confreres Refugiez en divers Païs étrangers, c'est de faire une espece de quarantaine avant que de mettre le pied en France, afin de vous purifier du mauvais air que vous avez humé dans les lieux de vôtre exil, & qui vous a infecté de deux maladies tres-dangereuses,

& tout à fait odieuses, l'une est l'esprit de Satyre, l'autre un certain esprit Republicain qui ne va pas à moins qu'à introduire l'anarchie dans le monde, le plus grand fleau de la Societé Civile. Voila deux points sur lesquels je prens la liberté de vous parler en ami. Commenceons par vôtre esprit de Satyre.

I. POINT. *Ecrits Satyriques.*

LA FACILITÉ que vous avez trouvée dans les Païs étrangers de faire imprimer impunement tout ce qu'il vous a plû, a produit parmi vous une si grande quantité d'Auteurs, qu'il n'y a pas d'apparence qu'aucune secte vous dispute jamais le premier rang de fecondité en ce genre là. Ces Auteurs sont fort differens les uns des autres en capacité, mais ils s'accordent tous assez bien à écrire avec beaucoup d'empor-
te-

tement, & à marquer un grand desir de vengeance, sans qu'on puisse appercevoir dans leurs Ouvrages la moindre teinture de cét esprit Evangelique, de cette modestie, de cette douceur, de cette onction qu'on voit couler de la plume des veritables Chrétiens, lorsqu'ils ont eu le bonheur de souffrir pour la verité, & de faire un bon usage de leurs afflictions. Pardonnez moi la liberté que je prens de vous parler de cette maniere. Je n'ai aucun dessein de vous chagriner, je vous le proteste le plus sincerement du monde, je ne regarde en cela que vôtre amendement, du moins dans les mœurs, & la seureté particuliere de ceux d'entre vous qui retourneront en France. Dans cette veuë, il faut que je vous dise qu'ils doivent faire paroître de l'aversion pour cette sorte d'Ecrits, car vous ne sauriez croire

8 *Avis aux Refugiez.*

le jugement defavantageux que l'on fait icy de tous les Refugiez, quand on fait reflexion sur la nature de leurs livres, que personne d'entre eux ne desaprouve publiquement, d'où selon l'ancienne maxime, *qui tacet consentire videtur*, on infere qu'ils les aprouvent.

On ne se contente pas de faire de vos livres le même jugement que le Cardinal ❋ Palavicin a fait de l'Histoire du Concile de Trente, de *Fra Paolo* ; mais on passe plus avant à l'égard de plusieurs de vos Satyres, & on soutient que vous y avez porté la licence de dechirer toute la terre à un point qui n'avoit peut-être jamais eu d'exemple. Il n'y a rien de

* *Negli Eretici, e particolarmente in quest' huomo, trattando materie si pie non si trova mai una stilla di tenerezza verso Dio, una scintilla di devozione, un zelo di carità; ma solo il zelo rabbioso de Satirici, che non riscalda, ma scotta e tinge: ne in somma verundi quei sentimenti de quali Cristo fù il maestro, e che però distinguono la Religion Christiana dalle sette contrarie. Palavicin introduz cap. 3. dell' Istor. del Concilio.*

de si auguste ni de si éminent que vous aiez cru digne de vôtre respect. Les Têtes Couronnées que toutes sortes de raisons doivent garentir de l'insulte des libelles diffamatoires, ont été l'objet de la plus énorme & de la plus furieuse calomnie dans plusieurs de vos livres. & non contens de mille grossieres suppositions de pretenduës Lettres du Pere Peters, au Pere de la Chaise : par lesquelles vous avez repandu à la faveur de la poste en tous les endroits du monde toute sorte d'infamies contre leurs MAJESTEZ BRITANNIQUES, vous les avez persecutées jusques dans cét Asyle sacré que la France leur a fourni ; & vous avez cru que leur chute vous devoit inspirer l'audace impie de publier calomnieusement tout ce qui peut le plus flêtrir la reputation d'un grand Roy, & d'une vertueuse

Reyne, au lieu d'en prendre occasion d'adorer plus respectueusement en leur personne les ordres de la Providence, qui permet qu'il s'éleve des tempêtes parmi les peuples pour des raisons toûjours dignes de sa sagesse infinie, & souvent moins favorables à ceux qui sont élevez sur le trône par ces furieux tourbillons, qu'à ceux qui en sont renversez. Ce seront des coups de foudre, tant qu'on voudra, mais qui ne partent pas toûjours de la main d'un Dieu en colere, & qui en tout cas nous doivent inspirer les mêmes sentimens de respect, que l'on avoit anciennement pour les lieux frappez de la foudre. On les regardoit des là comme sacrez, & c'eust été une profanation punissable que d'y jetter les moindres ordures. N'avez vous pas fait tout le contraire, & l'imagination la plus accoutumée à l'irreverence, ose-

oseroit elle se representer les abominables fictions que vous avez étalées dans toutes les boutiques de vos Libraires contre ces personnes Augustes, pendant qu'elles suportoient icy leur disgrace avec une resignation qui doit édifier toute l'Europe? Vos Auteurs se trompent fort s'ils croient ajouter par ce moien *affliction à l'Affligé*. Leurs coups viennent de trop bas pour porter si haut: des exhalaisons si grossieres ne sauroient monter du fond de vos égouts de calomnie, jusqu'à ces regions superieures; & comme le soleil joüit toûjours de sa lumiere, malgré les sombres vapeurs qui s'élevent des marais & des eaux bourbeuses, les Grands Princes ne sortent pas de leur calme, ni de leur éclat, encore que la gloire qui les environne, excite je ne sai combien de malignes exhalaisons qui tâchent de l'offusquer.

Je m'explique sur tout ceci d'autant plus librement avec vous, Monsieur, que je suis persuadé que vous étes des premiers à condamner dans le fond de l'ame cette licence effrenée. Les droits les plus inviolables de l'honnêteté & de la societé civile imposent un silence respectueux aux particuliers, lors même qu'ils peuvent dire des faits veritables contre les Monarques. Que doit on donc juger de ces Romans que vous faites imprimer tout tissus de calomnies, forgées brutalement par des Esprits remplis de passion & de la plus noire malignité?

Vous croiez peut-être en être quittes en disant que tout le parti n'entre point là, & n'aprouve point ces excés. Mais comment témoignez vous cette desapprobation? Ces libelles ne sont ils pas achetez avec tant d'empressement, que les premieres éditions

en

en disparoissent bien-tôt, & qu'il en faut faire d'autres pour satisfaire à l'avidité publique ? N'est-ce pas une preuve convaincante qu'on en aime la lecture ? Oseriez vous dire en conscience que vos Ministres en censurant vos autres defauts, vous ont exhorté quelquefois ou en particulier, ou en public, à vous defaire de l'inclination qui regne parmi vous pour composer, ou pour lire des satyres contre la France ? Ont ils quelquefois blâmé le soin que vous prenez de semer par tout ces libelles, & de nourrir de ces alimens empoisonnez ceux de vos freres qui sont restez dans le Roiaume ? Quelqu'un de vous, chargé ou non chargé de commission, a t'il publié quelque chose qui témoignast que ces libelles sont l'ouvrage de gens sans aveu, dont la temerité & l'emportement deplaisent beaucoup au Gros des Refugiez ? On ne manque point ici de faire valoir ces remarques & plusieurs autres, pour mettre sur le compte de tout le Corps la faute qui originairement & capitalement ne reside qu'en ceux qui se mêlent de composer ; Gens dont la situation est telle qu'ils ne pourrroient se disculper d'une malice & d'une temerité insignes, quand même le hazard feroit qu'ils raportassent quelquefois la verité, puis qu'ils ne sauroient avoir de bonnes preuves de ce qu'ils avancent, veu les tems & les lieux où ils l'avancent.

Vous auriez une tres fausse idée de la Morale Chrétienne, si vous pouviez vous imaginer que ce sont là de petits pechez, lequels vos souffrances pour cause de Religion excuseront amplement au trône de Dieu, car ne vous y trompez point, il n'y a pas de corruption plus opposée à l'esprit
du

du Christianisme que cét acharnement satyrique dont nous nous plaignons, & c'est en vain que vous vivez en exil privez de mille douceurs que vous goutiez dans vôtre patrie, si vous ne deracinez de vôtre cœur l'animosité & le desir de vengeance qui vous fait verser sur le papier, & lire avec tant de joye une infinité d'injures atroces, de faussetez ridicules, & de contes scandaleux. Si vous étes persuadez que ce sont de faits faux, vous étes sans contredit infiniment plus coupables que si vous n'en étes pas persuadez : mais cette derniere persuasion ne sauroit vous exempter de crime, puis qu'elle est la plus mal fondée du monde, & qu'à moins que de se laisser aveugler par ce fiel tresamer d'iniquité,& par cette racine d'amertume dont parle le Saint * Esprit, on n'ajoute point de foi à une medisance aussi destituée de preu-

*Actes des Apot. ch. 8. v. 23. Epit. aux Hebr. ch. 12. v. 15.

preuves, que celle de vos faiseurs de libelles, encore moins se donne-t'on la hardiesse d'en composer des satyres.

1. aux Corinth. ch. 13. Vous savez bien ce que dit S. Paul, * que le don des langues, la prophetie, la science la plus étenduë, la foi la plus capable de produire des miracles, la distribution de tous ses biens aux pauvres, la mort même pour sa Religion au milieu des flammes, ne servent de rien, ou tout au plus qu'à faire du bruit, si on n'est rempli de charité, c'est à dire (comme il nous l'apprend lui même en paraphrasant son expression) si l'on n'est d'un esprit patient, benin, sans envie, sans insolence, sans orgueil, sans malhonneteté, sans amour propre, sans depit, sans mauvais soupçons, endurant tout & supportant tout. Voilà les principaux caracteres de la charité selon S. Paul : cherchez les tant

tant qu'il vous plaira dans les livres que vous publiez par monceaux, non seulement vous ne les y trouvez pas, mais vous y voiez tout le contraire, un esprit mal endurant, qui ne respire que la vengeance, une aigreur, une presomption, une jalousie contre la gloire du Roy, une malhonneteté, un chagrin, une medisance extraordinaires. N'est-ce pas une grande illusion que de pretendre avec de telles dispositions, que Dieu vous doit tenir un grand compte de ce que vous avez laissé vos biens ? Et combien y a-t'il de gens ici qui disent que la raison qui vous a fait aller dans les Païs étrangers, n'est pas tant la facilité que vous y trouvez de recueillir la Manne Spirituelle, c'est à dire, la predication de la parole de Dieu selon vos Principes, que la facilité que vous y trouvez encore plus grande d'y boire à
longs

longs traits le poison de la Satyre, & de cueillir tous les matins à la premiere boutique de Libraire, ou à la premiere maison de Caffé qui se presente, la manne des libelles diffamatoires toute fraiche.

Car enfin sans parler de ces Auteurs qui n'ont point de jour reglé pour la publication de leurs invectives, & qui font tres-souvent des equippées en divers endroits, vous avez des Ecrivains qui ont eux-mêmes reglé les accez de leur fievre les uns à la quinzaine, les autres à une fois le mois, les autres à 3. fois ou même à 4. fois par semaine. Vous en avez plusieurs de ce dernier ordre, & comme la semaine ne leur sauroit suffire, s'ils vouloient avoir chacun son jour à part, c'est une necessité pour eux de tomber sur le même jour. Ainsi voilà de la Manne qui non-seulement

vous

vous tombe devant la porte chaque matin comme du pain quotidien, mais qui auſſi multiplie la meſure en certains jours d'une terrible maniere. Cette neceſſité de ſe rencontrer au même jour obligeant les Gazetiers à ſe donner plus de peine pour emporter la preference, c'eſt à qui debitera plus de fauſſes nouvelles, & plus de predictions de mauvais augure contre nous, & à qui les accompagnera de railleries plus paſſionnées & plus inſultantes.

Que dirai-je de ces nouvelles raiſonnées qui ne courent que comme des Anecdotes, auſquelles vous donnez le nom burleſque de *Lardon*, & qui nous viennent aſſaſſiner par toute la France toutes les poſtes? Je vous en fais juge, Monſieur, Se peut-il rien faire de plus inſolent, & ſi les Sauvages de l'Amerique retenant

nant toute leur ferocité Anthropophage devenoient un jour Gazetiers, pourroient-ils fouler aux pieds plus qu'on le fait parmi vous les mesures & les égards les plus inviolables?

Que dirai-je encore de ces faiseurs de reflexions historiques & politiques, qui font tant les capables, dans je ne sai quels Commentaires qu'ils publient tous les mois, sur les nouvelles de la Gazette, & où non-seulement ils debitent comme des Actes authentiques, des pieces manifestement supposées, mais aussi toutes sortes de froides plaisanteries, de mauvais contes, & d'outrages contre nos Puissances supremes & subalternes?

Je ne nie pas qu'il n'y ait de vos Ecrivains à la Quinzaine qui affectent des airs plus mitigez; mais ce sont les plus artificieux, & à proprement parler les plus satyatyriques, car il se trouve au bout du compte qu'avec la même affectation que les autres, mais par des tours plus captieux, ils ne mettent de nôtre côté qu'imprudence, qu'injustice, que malheur, que foiblesse, que consternation, que funestes presages, au lieu que si on les en croit, tout est grand, juste, sage, florissant dans leur parti.

On pourroit se plaindre d'un certain Auteur, & le placer même selon le stile de * Mr. Claude entre les faiseurs de Gazette, quoiqu'il ne se produise qu'en assez grand volume quatre fois l'an, on pourroit, dis-je, s'en plaindre, car il n'y a pas long-temps qu'au lieu d'Extraits de livres, il nous donna presque tout un Tome rempli de dogmes tout à fait seditieux, & de méchans lieux communs de Controverse, étoffez des vieux haillons du Sieur du

* Mr. Claude p. 64. des Plaintes des Protest. dit, que l'Auteur du Journal des Sçavans soutenoit dans ses Gazettes ordinaires &c.

du Plessis Mornay contre les Papes, & les Jesuites. Mais comme cela ne lui est arrivé qu'une fois, & que par tout ailleurs il prend plus à tache de couler son Socinianisme, que sa passion contre la France, ce n'est pas ici le lieu de s'en plaindre; c'est vôtre affaire, plûtôt que la nôtre.

Au reste si vous n'aviez commencé à remplir de vos libelles toute l'Europe qu'en l'année 1689. on auroit moins de sujet d'en être scandalisé, car encore que la guerre la plus sanglante ne puisse pas excuser les excez de vos Ecrivains, il faut pourtant avoüer qu'en temps de guerre on n'est pas obligé à garder tant de mesures. Ce qu'il y a donc de plus étrange, c'est qu'au milieu de la paix, vous ayez pu exercer publiquement les hostilitez les plus cruelles à coups de plume. Je sai bien que plus d'une fois les Magistrats

trats ont interposé leur autorité pour en arrêter le cours, mais je sai bien aussi qu'ils s'y prenoient d'une maniere à n'effaroucher personne, & sans être grand devin, on peut seurement parier que pendant qu'ils défendront ainsi de publier ces Satyres, il n'en resultera autre chose que ce qui fut dit autrefois à Rome touchant les Astrologues ; *Il * leur sera toûjours défendu de séjourner dans la Ville, & ils y demeureront toûjours.*

Permettez moi, Monsieur, puis que je ne me suis engagé que pour vôtre bien à vous donner ces avis, permettez-moi, dis-je, de ne vous rien cacher de tout ce qui me paroît le plus capable de vous les rendre salutaires. On trouve ici que vos Satyres ont un effet retroactif en deux façons. 1. En ce qu'elles nous font douter de plusieurs choses que l'on n'a cruës que

* *Genus heminum potentibus infidum, sperantibus fallax, quod in civitate nostra, & vetabitur semper & retinebitur.* Tacite Histor. l. 1. c. 22.

que sur le temoignage de gens persecutez. 2. En ce qu'elles rapellent la memoire d'un reproche dont on ne se souvenoit presque plus, & qu'on vous a fait neantmoins en cent rencontres; c'est que vos Reformateurs, entre autres nouveautez pernicieuses, apporterent en ce Roiaume, la licence des libelles diffamatoires, qu'on n'y connoissoit presque pas. Aussi n'avoit-il point été necessaire que nos Rois publiassent des Ordonnances contre ce desordre; mais depuis que vous eutes paru, il en falut faire * plusieurs coup sur coup, & les armer de plus en plus de peines severes, parce que les premieres menaces se

* L'Auteur de la Revision du Concile de Trente l. 6. p. 150. fait mention d'une Ordonnance de Henri II. en 1547. contre les libelles diffamatoires: d'une autre de l'an 1551. d'une autre de Charles IX. en 1562. & d'une des Etats de Moulins. Le P. Richeome dans l'examen de l'Anticoton p. 97. cite un Edit de Charles IX. contre les mêmes libelles de l'an 1561. Un de l'an 1566. un de l'an 1572, & un Arrêt du Parlement de Paris de l'an 1565. Il cite aussi un Edit de Henri III. de l'an 1577. & un de 1586.

se trouvoient trop foibles pour arrêter un tel torrent. Le Jurisconsulte Baudüin l'une des meilleures plumes du parti Catholique en ce temps-là, indigné de tant d'Ecrits scandaleux que vos Ancêtres faisoient courir, se crut obligé de publier en 1562. un Commentaire sur le titre *de famosis libellis*, pour montrer l'obligation où étoient les Souverains de reprimer ces sortes d'excez. Il étoit aisé de montrer que l'ancienne Jurisprudence le vouloit ainsi, car nous apprenons de Tacite que l'Empereur Auguste ordonna que les poursuittes qui se feroient contre les Auteurs des libelles diffamatoires, se fissent en vertu de la loi *de majestate*, c'est à dire, qu'il voulût que ce crime fût puni comme le crime d'Etat, & il est expressément remarqué par l'Historien que

B   ce

ce ne fut pas pour avoir été personnellement exposé à l'attaque des Ecrits Satyriques, qu'Auguste se porta à cette rigueur, mais à cause de la medisance de Cassius Severus qui avoit diffamé par des libelles insolens plusieurs personnes de qualité de l'un & de l'autre * sexe. Je ne sai pourquoi Tacite nous insinuë qu'avant cela les Romains n'étoient responsables que de leurs actions, & qu'ils jouïssoient d'une pleine impunité à l'égard de leurs paroles, *facta arguebantur, dicta impune erant*. Pouvoit-il ignorer que sous l'état le plus Republicain où la Ville de Rome se soit trouvée, les loix des 12. Tables qui mettoient peu de crimes au nombre des capitaux, y mirent neantmoins les libelles diffamatoires. Si

* *Primus Augustus cognitionem de famosis libellis, specie legis ejus (majestatis) tractavit, commotus Cassi Severi lividine qua viros feminasque illustres procacibus scriptis diffamaverat.* Tacit. Annal. l. 1. cap. 72.

SI *QUIS OCCENTASIT MALUM CARMEN, SIVE CONDIDISIT QUOD IN FAMIAM FAXIT, FLAGITIUMVE ALTERI, CAPITAL ESTO. Dequoi Ciceron *a* tire un grand sujet de loüange pour sa patrie, & de superiorité sur les Grecs.

Avoüez moi, Monsieur, que tant d'Ordonnances si souvent reiterées ne font point d'honneur à vôtre parti, car outre que leur nouveauté est une marque que le mal venoit de vos Auteurs, on a d'ailleurs de tresbonnes preuves qu'ils se mettoient peu en peine d'y obéir. Vous ne pouvez pas ignorer qu'en 1560. le Cardinal de Lorraine

* Voiez Rittershusius comment. in legg. 12. tabular. cap. 13. Ciceron Tuscul. 4. & apud Augustin de civit. Dei lib. 2. c. 9. Arnobe le temoigne aussi au li. 4. par ces paroles: Carmen malum conscribere quo fama alterius coinquinetur & vita, Decemviralibus Scitis evadere noluistis impune. Horace dit aussi dans la Satyre 1. du l. 2. Si mala condiderit in quem quis carmina, jus est judiciumve, & dans l'Epitre 1. du 2. livre, Quin etiam lex Poenaque lata, malo quæ nollet carmine quemquam describi.

a Apud S. August. de civit. Dei l. 2. c. 9.

raine declamant contre ceux de vôtre Religion dans l'Assemblée des Notables, dit entr'autres choses, qu'ils avoient fait courir une infinité de libelles remplis d'injures tres atroces, & de furieuses menaces contre lui, & contre le Duc de Guise son frere, & qu'il en avoit en son particulier jusqu'à vingt & deux qu'il conservoit soigneusement. Vous ne pouvez pas ignorer non plus la reflexion que fait sur cela un Historien * moderne. *Il est tout evident, dit-il, que ce fut le stile ordinaire des Huguenots de ce temps-là, de dechirer impitoyablement par mille scandaleux libelles, & par mille impudentes satyres, tous ceux qui ne leur étoient pas favorables, sans respecter ni merite, ni qualité, ni Rois, ni Princes, ni Prelats, ni tout ce qu'il y a de plus sacré parmi les hommes.* Pour moi je puis

*Maimbourg Hist. du Calvin. l. 2.

assezassurer que j'ai veu un gros recueil en dix volumes in folio, tout rempli de ces méchantes pieces que les Huguenots firent alors contre les Rois Henri II. & François II. contre la Reyne Catherine, quand elle n'étoit pas en humeur de les favoriser, contre le Roi de Navarre, depuis qu'il se fut joint aux Catholiques, & sur tout contre le Duc de Guise, & le Cardinal de Lorraine Archevesque de Reims, où tout ce que la medisance & la malignité la plus noire a jamais inventé de crimes supposez, d'injures atroces & de calomnies, est brutalement repandu sans jugement & sans esprit, de sorte que pour peu qu'on ait d'honneur & de bon sens on ne pourra jamais jetter les yeux durant quelques momens sur ces sots & insolens Ecrits, qu'on en ait le dernier mépris mêlé d'une juste indignation contre leurs impudens Auteurs.

Ce que les Calvinistes, ajoûte-t'il, faisoient alors, c'est ce que les anciens Heretiques ont toujours fait, & ce que nous avons veu de nos jours que leurs disciples ont renouvellé. Il entend par ces dernieres paroles la guerre du Jansenisme. Mais s'il avoit vecu 3. ou 4. ans plus qu'il a fait, que n'auroit-il pas eu à dire de la posterité de ces plumes satyriques qui ont produit les dix volumes in folio, qu'il s'est vanté d'avoir veus?

Je puis vous asseurer, Monsieur, que nous ne manquons pas ici de Curieux qui font un Recueil exact de tous vos libelles, sans oublier aucune de ces Tailles-douces outrageantes dont on est si prodigue dans les pays où vous êtes. Vous ne doutez pas qu'ils n'en puissent avoir déja quelques bons volumes, & pour moi je ne vous repons

pons point qu'ils ne s'en veüillent servir à des usages plus facheux pour vôtre parti dans l'occasion, que ne peut-être de conserver simplement dans une Bibliotheque un monument de vôtre humeur Satyrique. Qui sait s'ils ne destinent pas toutes ces satyres, & tous ces Ecrits de rebellion à irriter un jour contre vous les peuples & les Ministres d'Etat, & si l'on ne pourroit pas vous dire ce qu'à dit le plus sage de tous les Rois * à la jeunesse debauchée, *jeune homme rejouïssez vous durant la fleur de vôtre age, & suivez le penchant de vôtre cœur & de vos yeux, mais sachez que pour toutes ces choses Dieu vous fera comparoître en jugement*, dès cette vie. Le mal n'est pas sans remede, Monsieur, recourez seulement à ces paroles de * S Paul, *si nous nous jugeons nous*

* Ecclef. de Salomon ch. I. v. 1.

* I. Epitr. aux Corinth. ch. XI. v. 1.

mêmes, nous ne serons point jugez; soiez les premiers à desavoüer publiquement ces plumes satyriques & seditieuses qui vous deshonorent, & qui le font d'autant plus que vous avez été fermement persuadez de vôtre rappel en vertu des Oracles de l'Apocalypse. Comment avez vous pu avec une semblable persuasion dire tant de mal de la Monarchie Françoise? Ne valoit il pas bien mieux vous gouverner selon la maxime de cét ancien sage, *oderis tanquam amaturus*, il faut hair comme devant aimer un jour?

Ne croiez point, je vous prie, que Mr. Maimbourg soit le seul qui accuse vôtre secte d'avoir surpassé toutes les autres en fureur satyrique, voiez comment il prouve cette foudroiante accusation dans la Preface de son Histoire de la Ligue.

Au

Au reste ce fut par une singuliere benediction de Dieu qu'on avoit generalement imprimé dans les Esprits l'ancienne * maxime que les Heretiques se signalent toûjours en libelles ; car sans doute vos Reformateurs auroient fait plus de progrez en France s'ils avoient pu éloigner de leur personne, & de leur Corps ce caractere de l'Heresie.

Si je pretendois entrer en dispute avec vous, Monsieur, je ne manquerois pas de repondre ici à l'une de vos meilleures excuses, qui est de dire que les Papistes sont de cruels persecuteurs, & tout à fait emportez dans leurs Ecrits. Je vous repon-

* *Maledictorum pannos hinc inde consuitis, & eorum carpitis vitam quorum doctrinæ resistere non valetis : num idcirco vos non estis hæretici, si nos quidem assertione vestra crediderint peccatores in nostra*

ris & os fœdum non habebitis, si cicatricem aure potueritis monstrare? S. Hieronym. epist. 68. Inter Hæreticos qui strenue mentitur & absque ulla verecundia quidquid in buccam venerit, confingit in fratres, Magistrum sese optimum probat. Idem Apol. 1. adv. Ruffinum c. 4. Hæretici turbulenti loquacitatem facundiam existimant, impudentiam constantiam reputant, & maledicere singulis officium bonæ conscientiæ judicant. Tertullianus.

pondrois en un mot fans examiner le fond de l'accufation que vous intentez-là aux Catholiques, que vôtre propre Apologie fuffit pour vous condamner, puis qu'elle eft fondée fur ce faux principe, qu'il ne faut être patient qu'envers ceux qui ne nous perfecutent pas, & que les plus méchans Chrêtiens qui foient au monde (c'eft l'idée que vous vous faites des Catholiques) faifant une chofe, il eft dés lors permis aux veritables Chrêtiens de la faire. J'ajoûterois que les Chrêtiens n'ont pas eu befoin d'une fi miferable Apologie pendant plus de 300. ans, & qu'ainfi des gens qui fe produifent au monde comme fufcitez extraordinairement de Dieu afin de rétablir tout de nouveau le Chriftianifme tombé en ruine & defolation depuis plufieurs fiecles, & qui ne parlent

lent d'autre chose que d'Ecriture Sainte, que de pure parole de Dieu, ne doivent point prendre pour modele de leur conduite ces faux Chrêtiens qu'ils regardent comme les membres de Babylon, & du fils de perdition, mais la seule morale de l'Evangile & celle des premiers siecles. Or qu'est ce je vous prie que cette Morale? Nous engage t'elle seulement à prier pour nos bienfaiteurs, à aimer ceux qui nous aiment, à obeïr aux Princes qui nous favorisent, à étre patiens envers ceux qui ne nous offensent pas? Cette folle pretension qui mettroit la doctrine du fils de Dieu mille fois plus bas que celle des Philosophes Payens, n'est elle pas refutée en propres termes par Jesus Christ, qui disoit * à ses Disciples, qu'ils seroient damnés eternellement si leur justice ne surpassoit celle des

* Voyez le chap. 5. de l'Evangile de St. Matthieu.

des Scribes & des Pharisiens (or ceux-cy n'ont jamais été assez extravagans pour nier qu'il faille rendre le bien pour le bien) & que s'ils se contentent d'aimer ceux qui les aiment, ils ne seront pas meilleurs que les Publicains (c'est tout dire, car il n'y avoit point de vertu dont les Juifs se fissent une plus petite idée que de celle de ces gens-là) enfin qui leur ordonne positivement d'aimer leurs ennemis, de benir ceux qui les maudissent, de faire du bien à ceux qui les haissent, & de prier pour ceux qui les persecutent.

Mais, Monsieur, comme je ne veux pas disputer, je laisse ces sortes de raisonnemens, & me contente de vous demander, comment il a pu se faire que vos premiers Auteurs ayant à toute heure l'Evangile en main, & n'ignorant pas l'Histoire des 3.
pre-

premiers siecles, n'ayent pas compris que rien ne pourroit les mettre en une plus desavantageuse opposition avec le Sauveur du monde, & avec la Primitive Eglise, que cette foule de libelles emportez qui sortoit du milieu d'eux? Car que peut-on dire de plus foudroiant contre une telle conduite que les paroles mêmes de Jesus-Christ que j'ai citées? Et celles-cy sont elles moins expresses, * *apprenez de moi que je suis debonnaire & humble de cœur, & vous trouverez le repos de vos ames?* Qu'elle est, je vous prie, cette debonnaireté dont il nous ordonne l'imitation? C'est selon le temoignage du a Prince des Apôtres, que Jesus-Christ quand on lui disoit des injures n'en rendoit point, & quand on lui faisoit du mal il n'usoit point de menaces, mais il se remettoit

* Evang. de St. Matth. ch. XI. v. 29.

a 1. Epitr. ch. 2. v. 23.

au juste juge. Et voila aussi le grand motif dont cét Apôtre s'est servi pour nous porter à nous soûmettre à tout ordre humain pour l'amour de Dieu : au Roi, à ceux qui representent le Roi, & à nos Maîtres non-seulement lors qu'ils sont bons & equitables, mais aussi quand ils sont facheux. Il est vrai qu'il nous allegue aussi cette autre raison qui n'est pas moins foudroiante contre vôtre Apologie, c'est que pour rendre nos souffrances agreables à Dieu, il faut que pour l'amour de lui nous souffrions patiemment les injustices qui nous sont faites, & que nous ne les ayons pas meritées par nos mauvaises actions, n'y ayant, dit-il, aucun honneur dans le mal que l'on endure pour ses fautes, mais il confirme peu aprés le tout en nous declarant que nous avons été apellez à bien faire

faire, & neantmoins à souffrir, puis que Jesus-Christ l'innocence même a souffert pour nous, & nous a laissé un patron afin que nous marchions sur ses traces. St. Paul * suivant les mêmes principes exhorte les fideles à être ses imitateurs, comme il l'est de Jesus-Christ, & marque nommement ces beaux traits de cette divine imitation. *On dit mal de nous, & nous benissons: nous sommes persecutez & nous l'endurons: nous sommes blamez & nous prions.* Il n'y a donc rien à quoi l'Evangile nous engage plus indispensablement, sans qu'il soit permis d'éluder ses ordres sous pretexte que les persecuteurs sont bien rudes, qu'à la patience, qu'à l'humilité, qu'à la debonnaireté, vertus diametralement opposées à l'esprit de Satyre, car c'est un esprit d'impatience, d'orgueil, d'animosité,

* I. Ep. aux Corinth. c. XI. v. I. ch. IV. v. 12. 13. & 16.

té, & même de cruauté, puis qu'il est tout à fait probable que ceux qui versent des torrens d'injures sur le papier, & qui pour armer contre un Prince tous ses voisins, & le rendre l'horreur de toute la terre, compilent dans leurs libelles toutes sortes de contes vrais ou faux, & se rendent les secretaires & les Trompetes de la Renommée, * monstre à cent mille bouches, à cent mille yeux, à cent mille oreilles, egalement credule, menteur & mechant, se vangeroient par le fer & par le feu, si cela leur etoit aussi aisé, que de faire des Satyres.

Encore un coup, Monsieur, comment a t'il pu se faire que vos premiers Autheurs qui renvoioient éternellement le monde *à la loi & au temoignage*, sans vouloir ouïr parler de Tradition,

---

* *Monstrum horrendum, ingens: cui quot sunt corpore plumæ, Tot vigiles oculi subter, mirabile dictu, Tot linguæ, totidem ora sonant tot subrigit aures ...... Tam ficti pravique tenax, quàm nuncia veri ...... Gaudens & pariter facta atque infecta canebat.* Virgil. Æneid. 4.

tion, n'aient pas veu dans le Nouveau Testament, la condemnation claire & nette de leur maniere d'écrire, & s'ils ne l'y ont pas veuë, ou s'ils ont cru avoir des gloses, & des machines de Rhetorique & de Dialectique pour éluder la force de tant de passages si precis, quelle esperance pouvoit-on fonder sur les promesses qu'ils faisoient d'expliquer la parole de Dieu selon le sens le plus veritable?

Qu'ils aient aussi pris le contrepied de la primitive Eglise, c'est ce que personne d'entre vous n'oseroit nier, car encore que vous aiez travaillé à la decouverte de tous ses defauts avec une application extreme, afin de la pouvoir envelopper avec vous dans les accusations qui vous sont faites, & de vous justifier à ses dépens, il est inoüi que les Chrétiens des 3. premiers siecles
parmi

parmi des persecutions infiniment plus cruelles que les vôtres, & sous des Empereurs infiniment plus dereglés que les Princes qui vous ont persecutés, se soient jamais avisés de publier des libelles ni contre ces Empereurs, ni contre leurs Maitresses, ni contre leurs Ministres d'Estat. Bon Dieu quelle matiere de Satyre n'y avoit il point là! & qu'est ce que des Ecrivains de l'humeur des vôtres ne donneroient pas pour en avoir une semblable! Que ne produiroit elle pas entre leurs mains! combien de ces saillies que nous ne saurions exprimer aussi heureusement en François, que les Latins avec leur *Paratragœdiare!* Mais que le silence des anciens Peres est edifiant sur tout cela! qu'il est d'un Heroisme divin qui fera l'eternelle gloire du Christianisme!

Il

Il est si vrai que vous ne trouvez dans l'Eglise des 3. premiers siecles aucun exemple de vos Libelles diffamatoires, qu'on vous voit contraints de descendre jusques à l'Empire de Julien pour trouver quelque Ecrit Satyrique des anciens Peres contre leurs Princes : & il vous arrive même tres souvent de falsifier l'Histoire pour mieux ajuster vos comptes. C'est ce qu'à fait l'un de vos celebres Professeurs en accusant d'une fort grande imprudence les Prelats dont nous avons encore les invectives contre Julien. Il eust * bien mieux valu, dit-il, adoucir la necessité des temps par une hum-

* Fuit profecto, fuit Græcorum quorundam qui ea tempestate Ecclesiam rexere, magna imprudentia. Etenim uti causæ suæ servirent, principem Christianis infestum lacessebant quem tolerare satius fuisset. Sunt in hominum manibus orationes eorum in quibus &c. qui viri si meminissent temporum quibus nati erant, sanæ necessitati quæ pertinax regnum tenet, sine contumacia paruissent, & quod magnæ prudentiæ est, obsequio mitigassent imperia. Cunæu præf. in Juliani Cæsares.

humble soûmission, & suporter le chagrin de ce Prince contre les Chrétiens, que de l'irriter encore davantage. N'est ce pas supposer que S. Gregoire de Nazianze, & S. Cyrille, les seuls dont Cunæus a pu parler, ont publié leurs invectives du vivant de cét Empereur, ce qui est une fausseté toute visible, car S. Gregoire n'a écrit les siennes qu'aprés la mort de Julien, & S. Cyrille n'a vecu qu'assez long-temps aprés la mort de ce Prince. Où est donc la grande imprudence de ces 2. Prelats?

Voilà déja une difference extreme entre la conduite des Anciens, & celle de vos Auteurs, qui, comme chacun sait, n'ont point attendu à dechirer le Gouvernement, & à Satyriser les Rois & les Reines, que les interessez fussent morts, & qui ne se donnent point aujourdhui
plus

plus de patience qu'au dernier siecle. Mais j'ai encore quelque chose de plus fort à vous opposer.

Car en 1. lieu les exemples d'emportement Satyrique empruntez du 4. siecle ne peuvent encore vous servir de rien, puis que vous n'avez pas encore duré trois cens ans. Lors que vous pourrez montrer à vos persecuteurs une patience de 3. siecles semblable à celle de la primitive Eglise, on vous permettra sans do... & sans vous faire la moindre chicane, la même liberté que se sont donnée les Gregoires & les Cyrilles, d'écrire fortement contre la personne des Souverains, & on vous dispensera même d'attendre leur mort. Mais pour demander avec raison ce privilege & cette precieuse impunité, il faut se fonder sur le merite de ses Ancestres, & sur

leurs

leurs travaux si longs, si continuels, si pénibles, qu'on ne puisse leur en refuser l'exemption en la personne de leurs descendans, car de pretendre que de nouveaux venus aient droit de s'emparer des libertez qui n'ont commencé à paroître dans l'Eglise, que quand elle etoit âgée d'environ 400 ans, c'est en verité une chose injuste. Voilà un coup, qui ne vous frappe pas moins en ce siecle-cy, qu'au siecle passé, puis que vous seriez encore bien loin d'étre Veterans dans la Milice Chrétienne, quand même vos Predecesseurs en auroient observé la discipline aussi exactement qu'ils l'ont fait peu.

Secondement, quelles gens m'alleguez vous là que les Cyrilles & les Gregoires de Nazianze? Voilà de beaux exemples à suivre, & bien propres à vous

vous disculper, vous qui ne les devez regarder que comme des Sectateurs de l'Antechrist enga- gez jusques par dessus la teste dans l'Apostasie de l'homme de peché & du fils de perdition, predite par l'Apôtre * S. Paul, & caracterisée, si l'on vous en croit, par l'invocation des Saints, par les vœux de conti- nence, par l'interdiction de cer- taines viandes, & par la primau- té du Pape. Montrez moi que les Peres du 4. siecle n'aient pas porté ces quatre livrées du fils de perdition.

* 2. E- pitr. aux Thess. ch. 2. 1. à Ti- moth. ch. 4.

Mais quand même vos prin- cipes vous permettroient de pla- cer plus bas l'Epoque de cette grande apostasie, & d'en tirer ceux qui ont écrit des libelles contre l'Empereur Julien, vous n'avanceriez pas beaucoup, car on sera toûjours bien fondé en prenant droit sur les pretensions de de vos Ancêtres d'exiger d'eux le même esprit qui animoit les fondateurs du Christianisme, & leurs successeurs immediats, & de leur declarer qu'on ne peut souffrir le relâchement du 4. secle dans des personnes qui se vantent * d'une Mission extraordinaire pour resusciter le pur Christianisme, & pour redresser l'état de l'Eglise qui avoit été interrompu. La raison nous dicte qu'il ne faut pas moins de qualitez pour redonner la vie que pour la donner, & pour être le Restaurateur d'un établissement tout à fait détruit, que pour en étre le Fondateur.

Ainsi quand vous nous venez dire pour excuser vos Ancêtres, qu'il y avoit tant de desordres en France sous le regne des fils de Henri II. qu'il étoit bien malaisé de ne pas faire des libelles, il me

* *Leur Confession de Foi art. 31. porte expressement qu'il a falu de nôtre temps (auquel l'état de l'Eglise étoit interrompu) que Dieu ait suscité des gens d'une façon extraordinaire pour dresser l'Eglise de nouveau, qui étoit en ruine & desolation.*

me semble que vous me parlez, non pas de ces Vaisseaux d'Election destinez de Dieu à faire revivre la vraie foi, mais d'un Poëte de Cour, d'un * Juvenal, par exemple, qui ne se peut empêcher de devenir Satyrique quand il voit la corruption de son siecle. Et lors que vous ajoutez que vos Ancêtres n'auroient point eu la plume si tranchante, si l'on ne les avoit pas traittez durement, il me semble que vous me parlez, non pas de ces hommes extraordinaires qui viennent plaider la cause de la Religion contre tout le reste des Chrêtiens, *Status controversiam moventes universo orbi Christiano*, afin de remettre la verité sur le trône, *veluti postliminii jure*, comme diroient nos Jurisconsultes, il me semble, dis-je, que vous me parlez non pas de Heros de cette

* *Cum tener uxorem ducat Spado, Mævia Tuscum Figat aprum, & nuda teneat venabula mamma* ..... *Difficile est Satyram non scribere, nam quis iniquæ Tam patiens urbis tam ferreus, ut teneat se* ..... *si natura negat facit indignatio versum* Juvenal. Satyr. 1.

cette trempe, mais d'un autre Poëte Satyrique * qui avertit le public que pourvû qu'on le laisse en repos, il n'ecrira rien contre personne, au lieu que si on prend le parti de le provoquer, on se verra tout aussi-tôt diffamé par tous les coins de la ville.

* Horat. Saty.
l. ii. 2.

Sed hic stilus haud petet ultro
Quemquam animantem, & me
   veluti custodiet ensis
Vagina rectus, quem cur distringere coner
Tutus ab infestis latronibus? O
   Pater, & Rex
Juppiter, ut pereat positum rubigine telum,
Nec quisquam noceat cupido mihi pacis. At ille
Qui me commorit (melius non tangere, clamo)
Flebit & insignis tota cantabitur urbe.

Voilà comment le monde est fait,

fait, Monsieur, on pardonne moins la fragilité humaine à ceux qui se chargent de la commission de reformer l'Univers. Il ne faut point revêtir ce personnage lors qu'on a besoin du même suport pour ses foiblesses, que les autres hommes. Il auroit donc fallu pour être dans l'ordre, que vos premiers Auteurs eussent pu souffrir assez tranquillement les injures pour ne s'en venger point par des libelles: mais le don de continence leur a manqué tant à l'égard des Satyres qu'à l'égard des femmes, & il paroit par vos propres Apologies que le plus haut point de leur vertu consistoit en ce qu'ils eussent été doux comme les agneaux, s'ils avoient rencontré dans leur siecle beaucoup de docilité & d'humanité. Or n'est ce point là le plus bas degré de la vertu ? N'est ce point

être

être immediatement au dessus du vice, selon la Philosophie même des Payens ? & comme la vertu Chrêtienne doit commencer où la Paienne finit, que deviendra celle des Reformateurs, si on en juge par les ideés de l'Evangile ?

Je voudrois pour l'amour de vous, Monsieur, & afin que les choses pussent être remises ici sur l'ancien pied, au contentement mutuel des deux Religions, que vous n'eussiez pas imité dans les lieux de vôtre dispersion la conduite de vos Peres en fait de Satyres. Je ne nie point qu'on ne vous ait traittez indignement, j'en ai honte & pour la Relig. Cath. en general, & pour la France en particulier, mais cela ne vous justifie pas : nous avons tort sans que vous puissiez être aucunement excusables, si ce n'est ceux qui se tireront de pair

pair par un desaveu public de l'emportement qui a paru dans une infinité de libelles.

La confusion salutaire que vous devez tous avoir, de cette intemperance de plume, pourra vous venir plus facilement, si vous considerez la moderation des Refugiez Catholiques de la Grand'Bretagne. Nous en avons eu icy un tres-grand nombre de differentes conditions, depoüillez de tous leurs établissemens, & sensibles autant qu'on le peut-être à la disgrace de leur Roy contraint de se sauver en France durant la plus facheuse saison, & plus encore aux insultes qui avoient été faites à l'Eglise Catholique exposée durant plusieurs jours à la discretion des émeutes populaires, qui renverserent, qui profanerent, qui brulerent les plus augustes objets de nôtre culte.

Vous ne sauriez nier, en vous comparant aux Refugiez de ce Païs là, que les sujets de leur plainte ne soient plus grands & plus réels que les vôtres, car ils sont fondez non seulement sur la perte de leurs biens & sur celle de 3. Roiaumes dont un Prince Catholique a été depoüillé par ceux de vôtre Religion, mais aussi sur les plus sanglans outrages qu'on puisse faire au Dieu que nous adorons. Je pourrois y joindre la violence qui a été faite à la conscience d'un fort grand nombre de leurs freres, que l'on a contraints malgré les engagemens de leur naissance, & leurs sermens, de porter les armes pour le service de l'Empereur ennemi declaré de leur Prince legitime.

Jugez en par vous-mêmes, Monsieur. Si la demolition de vos Temples, si la veuë de leurs malſmafures vous a faisis de la même émotion de cœur qui faisit autrefois le Prophete Jeremie aprés le sac de Jerufalem ; que ne doivent point fouffrir les Catholiques, lors qu'outre le renverfement de leurs Chapelles, en quoi leur trifte condition égale la vôtre, ils ont à foupirer pour le brifement & le brulement de tout ce qui leur eft le plus facré. Vous ne niez pas que la dignité de Roy d'Angleterre ne foit égale à celle du Parlement reprefentatif de toute la Nation, ainfi vous devez avouër que l'injure faite à un Roi d'Angleterre égale celle que l'on feroit au refte de la Nation. Vous ne pouvez pas nier non plus que les 3. Roiaumes dont vous avez chaffé un Roi Catholique ne foient un bien incomparablement plus grand que tous les Patrimoines enfemble que vous avez laiffez en ce pays-cy. De sorte que quand on ne vous porteroit pas en compte ce qui seul est infiniment au dessus de tout ce que vous avez souffert, je veux dire les profanations de nos plus adorables mysteres, il se trouveroit pourtant que les Catholiques ont été mal traittez en Angleterre d'autant plus que vous ne l'avez été en France, que la personne des Rois est superieure à celle des particuliers, & qu'un Roiaume est au dessus du Patrimoine de quelques personnes particulieres.

Les Refugiez d'Angleterre avoient donc plus de sujet de crier que vous, & ne manquoient ni d'ancre ni de papier. A t'on veu cependant qu'ils aient rempli le monde de Libelles & de Satyres ? N'ont ils point gardé toute la moderation imaginable, se reglant sur la conduitte de leur

leur Roi qui, & dans ses discours particuliers, & dans ses Actes publics, a fait paroitre une retenuë extraordinaire. Et nous, n'avons nous pas suivi ces exemples ? Peut-on rien voir de plus moderé que nos Gazettes ? Et ne peut-on pas hardiment se vanter ici que les livres les plus emportez qui s'y publient sur les matieres du temps, le sont beaucoup moins, que les plus moderez des vôtres ?

Avec quel menagement avons nous parlé de la conduite du dernier Pape ? Nous n'avons pas été assez aveugles pour ne pas connoitre l'irregularité des démarches qu'un chagrin conçu mal à propos, & une indigne partialité lui ont fait faire. Jamais peut-être aucun de ses Predecesseurs n'avoit eu en main d'aussi belles occasions que lui de travailler à peu de frais, ou à l'al'avancement de la Religion Catholique, ou au bien commun de l'Europe. On peut dire qu'il a eu le feu & l'eau en sa puissance, ou pour allumer ou pour éteindre la guerre qui desole à cette heure tant de pays, & qu'au lieu de jetter l'eau sur la matiere prochaine du mal, il y a jetté le feu, d'où est sorti pour le premier coup d'essai le renversement du Roi d'Angleterre, qui ne pouvoit avoir que de tres funestes suittes pour l'Eglise, si par bonheur la France n'eût été pourveuë de grandes forces, au moien desquelles peu de jours suffirent au Roi pour s'asseurer de la riviere du Rhin. Si la France s'est trouvée en état de rompre les premiers coups de la conjuration des Protestans, soutenus de la Maison d'Aûtriche, cela n'empêche pas que le Pape n'ait joüé à tout per-

perdre, & c'est par accident à son égard que tout n'a pas été jetté dans les dernieres confusions. Au lieu de profiter des avis que le Roi lui avoit donnez, & qui lui montroient si clairement le chemin qu'il faloit tenir on diroit que cette évidence lui endurcit tellement le cœur, qu'aprés avoir veu sa faute, il n'a voulu rien faire pour la reparer. A peine a-t'il voulu donner une Audience à l'Envoié du Roi Jaques. Si nos Ecrivains ont remarqué ces sortes de choses ç'a toûjours été avec la derniere circonspection, & sans sortir du respect qui étoit dû à son Caractere. Vous & vos bons amis les Espagnols auriez jetté feu & flame pour de bien moindres sujets, sans garder aucune sorte de ménagement.

Nôtre modestie à l'égard de nos

nos ennemis declarez n'est pas moins considerable. Rendons nous la pareille aux Espagnols qui autrefois nous accabloient d'une multitude innombrable d'écrits Satyriques sur nos alliances avec les Hollandois & avec les Suedois, & qui non contens des Libelles qu'ils publioient en Italie, en Espagne & en Allemagne, tenoient sur tout banque ouverte dans les Païs-Bas pour cette sorte de pieces, tant en faveur des plumes Flamendes, qu'en faveur des plumes des François rebelles qui trouvoient toûjours là un bon asyle. Nous n'aurions pour les confondre qu'à tourner contre eux leurs propres armes, & qu'à les faire souvenir qu'ils recompenserent de l'Evêché d'Ipre un fameux Docteur de * Louvain qui avoit écrit fortement sur l'injustice des Alliances des Fran-

*Cornelius Jansenius Auteur du Mars Gallicus imprimé en 1635. sous le feint nom d'Alexander Patricius Armacanus.

François & des Protestans. Pour dire la verité nous ne repondimes gueres bien à cét Ouvrage de Jansenius, & il ne semble pas même possible de satisfaire à des raisons aussi pressantes que les siennes. Mais ce que nos Auteurs ne purent executer, les Espagnols eux mêmes l'ont fait admirablement.

En 1. lieu lors que par mille artifices ils vinrent à bout de conclurre un Traité de paix avec la Hollande l'an 1648. pour mieux continuer la guerre contre le fils ainé de l'Eglise. 2. Lors qu'ils n'oublierent aucune * sorte de soumissions & de flateries l'an 1655. pour porter Cromwel à s'allier avec eux contre la France, jusqu'à lui promettre la cession de la ville de Calais (sans rien stipuler en faveur des Catholiques) quand elle auroit été subjuguée con-

* Voyez le Memoire qui sera cité cy-dessous.

join-

jointement par les forces Angloises & Espagnoles. 3. Lors qu'ils nous declarerent la guerre en 1673. pour nous obliger à l'evacuation des Provinces conquises sur les Hollandois, où nous faisions triompher la Religion Catholique. 4. Enfin & plus visiblement que jamais, dans cette presente Ligue qu'ils ont embrassée avec la derniere ardeur, quoi qu'ils sussent qu'elle tendoit à l'oppression d'un Roi Catholique chassé de son Royaume pour sa Religion, à vôtre retablissement en France, à celui des Vaudois dans le Piedmont, & en general à rendre le parti Protestant plus fort que le Catholique dans toute l'Europe. L'affront fait à leur Ambassadeur à Londres pillé & saccagé dans

* Avant cela ils avoient ouvertement assisté de toutes leurs forces les Hollandois, depuis que le Roi leur eust declaré la guerre. L'Empereur envoia une armée à leur secours des l'an 1672. & depuis il rompit tout à fait en leur faveur avec la France. Aujourdhui il est ligué avec tous les Protestans contre le seul Prince Catholique qui soutient les Catholiques d'Irlande, & leur Roi chassé du Trône pour sa Religion Catholique.

Avis aux Refugiez.   63

dans son Hôtel contre le droit des Gens par ceux qui chassoient du trône un Roi Catholique, & qui mettoient à sa place un Protestant a été avalé doux comme du lait, & n'a rien rabatu de leur zéle pour l'expulsion d'un Roi Catholique.

Je ne veux pas oublier cette circonstance, c'est que les Espagnols en l'année 1655. * ne manquerent pas de representer au SERENISSIME PROTECTEUR, 1°. les grandes preuves d'amitié que le Roi d'Espagne avoit données à la Republique d'Angleterre, des le moment qu'elle se forma, & à son Altesse depuis qu'elle s'étoit chargée, de la protection de ladite Rep. 2°. Que

* Voiez le Memoire presenté au Serenissime Protecteur le 21. de May 1655. par le Marquis de Leyde & Dom Alonse de Cardenas Ambassadeurs du Roi Catholique en Angleterre imprimé en Espagnol & en François, à la fin des remarques sur la reddition de Dunkerque, à Paris en 1658. L'Auteur de l'Apologie pour la Maison de Nassau imprimée l'an 1664. dit p. 345. que le Roi d'Espagne sera renommé dans les Archives de la posterité pour avoir été le premier à reconnoitre des execrables homicides de son beau-frere.

2°. Que le Roi d'Espagne avoit été le premier qui reconnu cette Republique & qui lui destina un Ambassadeur authorisé du titre de Plenipotentiaire pour traitter avec les Anglois. 3°. Que la France au contraire avoit contribué & de gens & de conseil, & par autres assistances aux tentatives qui avoient éclaté en divers endroits de l'Angleterre contre son Altesse. De sorte qu'ils se faisoient un merite, non seulement d'avoir été les premiers à rechercher l'amitié des Oppresseurs de la Religion Catholique tout degoutans encore du sang de leur Roi qui la toleroit, mais aussi de n'avoir pas contribué, comme avoit fait la France, aux efforts des bons & des fidelles sujets pour le retablissement du Roi legitime. Toutes ces belles remonstrances n'ayant pas empeché le Protecteur

tecteur de preferer un Traitté de paix avec nous, à l'Alliance des Espagnols, ceux-cy retomberent autant que jamais à leurs premieres maximes, publiant libelle sur libelle contre l'union de la France avec des Estats Protestans.

Ils se sont refutez eux mêmes d'une maniere invincible, & ils ne sçauroient le nier sans fletrir la memoire de Philippe IV. qui comme on l'a déja dit, donna un bon Evéché à l'Autheur du *Mars Gallicus*, pour avoir bien declamé contre nos Alliances avec les Princes Heretiques, & avoir détruit toutes nos excuses, quoi qu'elles fussent pour le moins aussi valables, que celles dont on se sert aujourdhui. Il est méme à remarquer que Jansenius faisant une seconde Edition de son livre y adjouta 2.* Chapitres qui sont precisément la Refu-

* Ces chapi-

futation des plus vraisemblables pretextes que la Maison d'Austriche puisse alleguer pour palier sa confederation Protestante. Quoi qu'il en soit elle ne sauroit éviter l'un ou l'autre de ces embarras, ou d'avoüer qu'elle merite aujourdhui d'étre déchirée par tous les libelles qu'elle faisoit autrefois courir contre la France, ou d'avoüer qu'injustement & aveuglement elle a fait autrefois courir tous ces libelles.

Je n'ai pas voulu remonter jusques au Traité que firent les Espagnols avec le Duc de Rohan, par lequel ils s'engagerent à lui fournir des sommes considerables, pourveu qu'il continuat la guerre que vous aviez allumée dans le cœur de ce Royau-

tres sont le 15. & le 16. du 2. livre. Le titre du 15. est uberiùs disseritur qua voluntate Christianissimus Rex Catholicæ Religionis cladem velle censeatur, expressâ an interpretativa. Celui du 16. porte solvitur Francorum adversùs doctrinam traditam objectio, & ostenditur, teneri Christianissimum Regem etiam cum periculo politici status fœdera cum hæreticis rescindere.

Royaume, ni jusqu'à Philippe II. qui fomenta plus d'une fois vôtre parti par ses intrigues, & par ses subsides. *

Voiez Monsieur, combien il nous seroit aisé d'abymer à coups de plume nos ennemis, sans nous servir que de leurs raisonnemens du temps passé: & si nous voulions nous mettre à couvert de la recrimination, nous n'aurions qu'à les publier au nom des sujets fidelles de sa Majesté Britannique, à qui sans doute on ne peut pas reprocher d'avoir jamais secouru l'Heresie contre le Catholicisme, comme l'on en peut accuser la France; car elle est la cause principale qu'il y a presentement dans le Pays-bas une Republique qui est le rempart le plus ferme de tout le parti Protestant, & le plus nuisible aux progrés de la Religion Romaine, & aux interêts de ce Royaume.

* *Voiez les Auteurs citez par M. Arnauld Apol. pour les Cathol. I. part. ch. 6.*

Ce qui ne verifie que trop la prediction du * Marechal de Bassompierre, & cette remarque generale des Politiques, qu'en matiere d'Etat on ne peut cultiver le bien present sans semer du mal pour un jour à venir.

Admirez donc nôtre grande moderation. On donne à nos Ecrivains la plus belle prise qu'ils sauroient attendre : on nous a provoquez, & on nous provoque tous les jours par une infinité de Satyres ; & cependant ni nous, ni les Refugiez d'Angleterre ne prenons point la plume pour composer des libelles.

Je ne me serois pas tant étendu sur ces dernieres considerations, si je ne l'avois cru necessaire pour tirer de vous, & des autres Refugiez un desaveu public de vos Satyres, car j'espere que quand vous verrez que des Ca-

* Voiez le Journal des Scavans du 16. Fevrier 1665. dans l'article des Memoires de Bassompierre.

Catholiques qui ont plus de raison que vous de se plaindre, & qui sont tres-propres à nous servir d'instrument pour opposer libelle à libelle, se tiennent en repos, vous aurez honte que vôtre plume n'ait pas eu le même don de continence.

Je passe maintenant à mon second point. Je m'exprime ainsi avec d'autant moins de scrupule, qu'il me semble que cette lettre n'a pas mal l'air d'un Sermon prêché sur la patience Chrétienne. Je ne me defendrai pas de vous avoir preché cette importante Morale, & tout Jurisconsulte que je suis, j'ai droit à vôtre égard, de m'eriger en Predicateur, car selon vos hypotheses, les Laïques sont en plein droit de faire les fonctions de Ministre dans les cas de necessité. Or quel cas de necessité y a-t-il plus grand que lors que ceux

ceux qui font apellez à faire une chose ne la font pas : vous en estez là. Au milieu d'une infinité de Predicateurs, vous n'avez personne qui vous préche contre l'esprit de Satyre & de rebellion.

II. POINT.

Ecrits seditieux.

LE SECOND point de ce discours est encore plus important que l'autre, & regarde un mal dont il est beaucoup plus necessaire que vous paroissiez bien gueris, car que deviendroit la Societé civile si l'on se regloit sur tant de dogmes seditieux que vous repandez dans une infinité de petits écrits, & qui comme autant de lignes tirées de differens points de la même circonference, aboutissent tous à ce centre & à ce point capital, c'est

que

que les Souverains & les sujets s'obligent reciproquement & par voie de Contract à l'Observation de certaines choses, de telle maniere que si les Souverains viennent à manquer à ce qu'ils avoient promis, les sujets se trouvent par là degagez de leur serment de fidelité, & peuvent s'engager à de nouveaux Maitres, soit que tout le peuple desaprouve le manquement de parole de ces Souverains, soit que la plus nombreuse & la plus considerable partie y consente. Il n'est aisé de vous prouver que ce sont là les veritables pretentions de vos Auteurs, puis qu'ils soutiennent qu'aprés la revocation des Edits qui vous avoient été accordez solemnellement, il vous est permis de vous soulever, & de vous joindre aux Enemis qui feront des irruptions sur nos Frontieres, de quelque notorieté publique qu'il soit que vous

vous n'êtes en France que la moins considerable partie en toutes manieres, & que tout le reste des sujets ont donné leur consentement à la supression de ces Edits. Car bien qu'il soit vrai qu'un bon nombre de Catholiques seroient bien aises que l'on vous redonnast un Edit de tolerance, il est encore plus certain que le nombre de ceux à qui cela seroit fort desagreable, est incomparablement plus grand, & qu'il n'y a point de Catholique qui ne soit prêt à se soumettre à la volonté du Roi, en cas qu'il laisse les choses comme elles sont par l'Edit Revocatif de celui de Nantes. C'est donc pretendre que le petit nombre n'est plus sujet, mais qu'il reprend les droits naturels d'independence, dés qu'on ne lui tient pas tout ce qu'on lui a promis, encore que le plus grand nom-

nombre acquiesce de bon cœur
à ce manque de parole.

J'aurois tort de vous accuser
de n'avoir adopté cette doctrine
que depuis vôtre dispersion,
car c'est sur ce fondement que
vous avez appuyé toutes vos
guerres civiles, & vos confederations
avec d'autres Princes,
dont vous introduisiez les trouppes
jusques dans le cœur du
Roiaume, & dans les places qui
en sont les clefs. Mais comme
depuis l'Edit de Nimes en 1629.
vous aviez discontinué vos armemens,
il sembloit que vous aviez
reformé ce point de vôtre doctrine.
Vous y voila revenus avec
plus d'acharnement que jamais,
& peut-étre n'y a-t'il
point d'article dans le symbole
sur quoy vos Casuistes soient
moins partagez que sur ce point
là.

Or je vous demande, Monsieur,

sieur, s'il se peut rien concevoir de plus affreux, & si ce n'est pas en faisant semblant de ne vouloir attaquer que l'autorité Monarchique, sapper les fondemens de toutes sortes de societés, sans en excepter même les Republiques les plus populaires. Je vous le ferai toucher au doit avant qu'il soit peu. Laissez moi vous proposer quelques reflexions dans l'ordre qu'elles se presenteront à mon esprit.

Il n'y a rien de plus merveilleux que le zele que vos Ecrivains ont témoigné pour les Rois, quand il s'est agi de declamer contre les Papes, & contre les Jesuites, & de rendre même toute l'Eglise odieuse, sous pretexte de certains droits que les flatteurs de la Cour de Rome ont voulu donner aux Papes sur le temporel des Princes. Alors il n'y avoit rien, selon vous, de
plus

plus sacré ni de plus independant que le caractere des Monarques. Ils étoient les Oints de l'Eternel, & ses Lieutenans en Terre. Ils relevoient immediatement de Dieu & c'étoit la marque de la Béte sortie du puits de l'abyme, que de vouloir soumettre les Rois à quelque autre jurisdiction qu'à celle de Dieu. Mais lors que des plumes Protestantes les ont soumis à l'autorité des peuples, on n'a point veu que vous ayez fait éclatter ce même zele.

En effet, Mr. Arnauld vous aiant poussés avec sa force ordinaire sur la mechante doctrine d'un Buchanan, d'un Junius Brutus, & de quelques autres * de vos Ecrivains, & vous ayant reproché que vos Synodes n'ont jamais condamné leurs livres, & qu'il falut que des Catholiques les refutassent, il ne fut contredit

* Il auroit pu en citer un plus grand nombre, s'il avoit voulu citer

à cet égard que par le moien d'un Synode National tenu à Tonneins l'année 1614. où * on lui montra *que la pernicieuse doctrine des Jesuites contre la vie, les Etats & l'autorité des Souverains, soutenuë depuis peu par Suarez, avoit été condamnée.* C'est avoüer d'assez bonne foi qu'on s'est abstenu de condanner les dogmes contraires à l'autorité des Rois, pendant qu'il n'y a eu que des Auteurs Protestans à fletrir, mais non pas lors qu'on a pu fletrir les Jesuites. Il semble donc que vos sentimens là-dessus sont enveloppez de ce *distinguo*. Les Rois sont ils de-

tous ceux que le P. Coton & le P. Richeome ont alleguez dans leurs Reponses à l'Anticoton, mais il a cru peut-être qu'il suffisoit de remarquer que Philippe Pareus voulant justifier David Pareus son Pere, dont le Roi Jaques avoit fait condamner un livre, comme rempli de maximes seditieuses, avoit soutenu que David Pareus n'avoit fait que suivre omnem Chorum Theologorum Protestantium. *Voyez l'Apol. pour les Cathol. I. part. ch. 3. & 4.*

* *Histoire du Calvinisme & Papisme mis en parallele, ou Apologie de la Reformation contre Mr. Maimbourg, imprimée à Rotterdam 1683. tome 2. p. 292.*

dependans de Dieu seul? C'est selon: s'il s'agit de diffamer les Papes & les Jesuites, je l'affirme: s'il s'agit d'exclurre du throne quelque Prince desagreable aux Protestans, je le nie. Et voilà le fondement de ces éloges superbes que vous vous étes si souvent donnés pour montrer qu'on ne devoit pas vous traitter en France, comme l'on traitte les Catholiques ailleurs, c'est, dites-vous dans un libelle intitulé, *la Politique du Clergé de France*, imprimé à la Haye en 1681. *que nous sommes le seul parti de la fidelité duquel le Roi puisse étre parfaitement asseuré.* On vous avoüera sans peine que tout Prince qui se voudra servir de vos bras & de vos armes pour abatre les Cloitres & les Eglises, & pour extirper ce que vous nommez le Papisme, pourra s'asseurer parfaitement de vôtre fidelité, &

beau-

beaucoup plus que de celle de ses sujets Catholiques, mais ne m'obligez pas à vous prouver par des faits, que c'est tout le contraire lors qu'il vous faut mettre à l'epreuve à d'autres égards.

Vous estiez aussi mal fondez à vous couronner vous mêmes de cét éloge pompeux, qu'à soutenir comme vous faisiez dans ce libelle. 1. * Que les Protestans & la Maison d'Austriche sont *deux parties absolument irreconciliables.* 2. a Que le Roi a tout à craindre de ses sujets Catholiques dans ses demélez avec l'Espagne, & avec la Cour de Rome, tant parce que les principes de Religion & d'interet obligent le Clergé à s'attacher *au St. Siege & à sa conservation preferablement à tout, & à prendre le parti du Pape,* que parce que les Moines *sont absolument*

* *Polit. du Clergé de France p. 206.*

a *pag.* 211. 212. 213.

ment dans les interêts de la Cour de Rome, & par consequent dans ceux de l'Espagne, qu'ils sont Maitres de toutes les consciences, & qu'ils persuadent ce qu'ils veulent à leurs devots. 3. *Que les Protestans ne reconnoissent pas d'autre superieur que leur Roi, & ne croient point que pour cause d'heresie, il soit permis ni de tuer un Prince legitime, ni de lui refuser obeissance. 4. a Que tous les Huguenots sont prets de signer de leur sang cette doctrine qui fait la seureté des Rois, savoir que nos Rois ne dependent pour le temporel de qui que ce soit que de Dieu; que pour aucune cause il n'est point permis d'assassiner les Rois; que même pour cause d'heresie & de schisme, les Rois ne peuvent être deposez, ni leurs sujets absous du serment de fidelité, ni sous quelque autre pretexte que ce soit. Ne sont-ce pas là IV. affirmations

*pag. 146.

a pag. 217.

tions bien conformes à l'état preſent de l'Europe; à la deciſion des Anglois & des Ecoſſois touchant l'incompatibilité de leur Monarchie avec la qualité de Catholique; aux inſtructions imprimées que vous envoiez tous les jours à vos freres dans ce Royaume, & à l'attachement de nos Prelats & de nos Religieux au parti du Roi durant nos derniers demélez avec Rome, attachement dont vous leur faites un crime, car vos libelles leur reprochent aſſez ſouvent qu'ils ont trop de complaiſance pour les veües & pour les interets de nôtre Cour. C'eſt le deſtin perpetuel de vos Auteurs *Libellatiques*, de nous accuſer en même temps de deux choſes contradictoires, comme quand ils * accuſoient les Jeſuites de partialité contre la France en faveur de la Maiſon d'Auſtriche, &

* *Voiez Apolog. pour les Catholiques* I. *part. ch.* 9.

& de trahir l'Empereur, & tout le Corps de l'Empire en faveur de la France.

Je voudrois, Monsieur, vous épargner la confusion qu'il est impossible de ne pas sentir, quand on considere que l'on est dans un parti qui passe du blanc au noir en moins de 10. ans. Mais je ne puis vous témoigner aujourdhui la passion que j'ai pour vôtre service, sans vous montrer la contradiction où vous vous étes engagez. Il faut vous en faire rougir, pour travailler aux Preliminaires de vôtre retablissement. *Erubuit salva res est.*

Vous assuriez le public par la plume de vos * Apologistes en l'année 1681. *Que tous les Huguenots étoient prêts de signer de leur sang, que nos Rois ne dependent pour le temporel de qui que ce soit que de Dieu, & que même pour cause d'heresie & de schisme les*

* Polit. du Clergé de France, p. 217.

les Rois ne peuvent étre deposez, ni leurs sujets absous du serment de fidelité, ni sous quelque autre pretexte que ce soit. Il sembloit donc qu'en ce temps là vous vous étiez fixez à ce dogme par une sincere & totale rejection des principes sur quoi vous aviez tant de fois fondé vôtre prise d'armes, & qui sont incompatibles avec la persuasion de la puissance absoluë des Souverains, car dés qu'on se croit en droit de se faire raison à soi-même par la voie des armes, on se croit jusques-là aussi souverain & aussi independant que celui contre lequel on prend les armes, & par consequent on ne le croit pas révetu d'une puissance absoluë, qui n'ayant que celle de Dieu au dessus de soi, ne doit étre punie de sa mauvaise conduite qu'au Tribunal de Dieu. Or voions si vous étes de-

demeurez long-temps fixes à ce dogme de l'an 1681. dogme qui de vôtre propre aveu, *fait la sureté des Rois.*

En vous faisant beaucoup de grace, c'est à dire, en fermant les yeux sur tant de libelles Republicains que vous avez fait courir depuis l'année 1682. jusqu'à l'expedition d'Angleterre, l'on trouve que vôtre foi de l'an 1681. n'a cedé la place à une foi toute contraire qu'en 1689. N'est-ce pas une bien longue constance ? Voici donc ce que vous établissez dans un nombre infini de livres envoiez par toute la terre l'an 1689. ou en forme d'instructions Catechetiques & de Lettres Pastorales, ou comme des Manifestes & des Apologies, c'est *que l'autorité des Rois vient des peuples ; que les Rois ne sont que depositaires de la souveraineté ; qu'ils sont justiciables* du peuple pour la mauvaise administration de ce depot ; que le peuple est en droit de retirer ce depot, lors que le bien public & l'interêt de la Religion le veulent ainsi, & de le confier à qui bon lui semble. Peut on voir des doctrines plus opposées que vos protestations de l'an 1681. & vos decisions de l'an 1689 ?

On peut vous faire d'autant plus de confusion sur cette inconstance, que l'on est persuadé avec beaucoup de justice que vous reviendriez dès demain à vôtre dogme de 1681. si quelque Roi Catholique se voulant faire Protestant, trouvoit ses sujets tout preparez à le deposer. Ne prenons point pour exemple les Souverains dont l'autorité aproche le plus de la Despotique : prenons l'Empereur dont le pouvoir est fort limité par la Capitulation qu'il jure quand

quand il est élu, & qui doit étre Catholique selon les loix fondamentales de l'Empire d'Allemagne. Qu'arriveroit-il en cas que dés cette année il fist ouvertement profession du Calvinisme, & qu'en vertu des loix de l'Empire les Electeurs le declarassent dechu de la dignité Imperiale, & procedassent à une nouvelle élection ; c'est que vous armeriez toute la terre, si cela vous étoit possible, afin de le maintenir, & que tous vos écrivains feroient pleuvoir de toutes parts un deluge d'Invectives contre l'audace rebelle de ceux qui ne respecteroient pas le caractere inviolable de sa Majesté.

Mais qu'est il besoin de faire des conjectures sur des fictions? Ne traittez vous pas les Irlandois de rebelles, & ainsi le méme jour que vous assurez que les peuples de la Grande Bretagne ont pu se faire un nouveau Roi, puis que c'est le peuple qui est le veritable distributeur des Sceptres & des Couronnes, ne soûtenez vous pas que les peuples d'une Ile voisine, n'ont pas pu perseverer dans l'obeïssance de leur ancien Roi ? de sorte que vous soufflez le chaud & le froid en même tems, niant & affirmant la même chose selon que vous y trouvez, ou que vous n'y trouvez pas le compte de vôtre parti. C'est un peu trop se joüer du monde, & se servir de ses opinions comme de ses habits, avoir des dogmes de rechange selon les temps & les lieux, comme l'on a des habits de ville & des habits de campagne, des manteaux, ou des chapeaux de pluye, & d'autres pour le beau temps.

Cependant la principale confusion que je veux tacher de vous

vous faire pour vôtre bien, n'est pas sur l'inegalité de vôtre conduite à double poids & double mesure : c'est sur les suittes effroiables de vos dogmes de l'an passé. Je ne veux point de dispute avec vous sur l'origine des Monarchies, ni entreprendre de vous prouver par l'Ecriture que le droit des Rois vient de Dieu, & non pas des hommes, car puis que vos Ecrivains ne manquent pas d'expediens pour éluder les passages de l'Evangile qui nous ordonnent la patience dans les persecutions, que pourrois-je gagner avec eux en leur citant les passages les plus precis ? Je me contente donc de vous dire que soit que la souveraineté émane des peuples, soit qu'elle émane de Dieu, il est absolument necessaire pour l'établissement des Societez qu'elle soit à pur & à plein ou entre

les

les mains d'un seul, comme dans les Monarchies, ou entre les mains de plusieurs, comme dans les Republiques. C'est à dire qu'il faut necessairement dans toutes les Societez qu'une ou que plusieurs personnes jugent en dernier ressort, & sans appel, & avec l'autorité de punir les contrevenans, que telles ou telles choses doivent être faites, que c'est ceci ou cela qui est la vraie interpretation, & la bonne application des loix. Car si les peuples se reservoient le droit d'examen, & la liberté d'obeir ou de ne pas obeir, selon qu'ils trouveroient de la justice, ou de l'injustice dans les ordres de ceux qui commanderoient, il ne seroit pas possible de conserver le repos public, ni de rien executer pour le bien commun, puis qu'il n'y a point de reiglement ni de loi qui plaise de telle sor-

sorte à tous les sujets que la veritable raison pour laquelle chacun y obeït, est qu'après avoir bien examiné la chose, on la trouve juste.

Auſſi ne voit on point d'Auteur quelque zelé qu'il puiſſe étre pour l'Etat Democratique, qui n'avouë qu'il faut qu'il y ait dans toutes les Societez civiles un pouvoir legiſlatif & interpretatif des loix, accompagné de la puiſſance coactive envers tous ceux qui refuſeront d'obeïr, ſoit qu'ils trouvent la loi bonne, ſoit qu'ils la trouvent mauvaiſe. Or il eſt bien certain que cette puiſſance coactive ſeroit un pur brigandage, s'il étoit vrai que les peuples n'euſſent fait que depoſer la ſouveraineté entre les mains d'un ou de pluſieurs Commiſſaires, Agens, Procureurs, Plenipotentiaires, ou comme il vous plairra ra de les appeller; car ce depôt enfermeroit necessairement cette condition expresse ou tacite, que chaque membre de la Societé se reserveroit le droit d'inspection sur la conduite de ces Commissaires, & celui de ne se pas conformer à leurs ordres, quand il les trouveroit violens & pernicieux: à peu prés comme nous voions que les Souverains se reservent la faculté de ratifier ou de ne pas ratifier les Traitez signez par leurs Plenipotentiaires. Ainsi ces Commissaires ne pourroient punir les violateurs de leurs ordres sans exceder leur pouvoir, * & sans commettre autant de meurtres qu'il y auroit de gens qu'ils enverroient au suplice sous pretexte de rebellion. Car c'est un principe avoüé de tout le monde qu'un Souverain ne reconnoit que le Tribunal de Dieu

* *Supra jurisdictionem suam jus dicenti, impunè non paretur. l. si. ff. de jurisd.*

Dieu quant aux choses en quoi il est Souverain. Les Juges du Roi d'Angleterre Charles I. n'en disconvenoient pas, puis qu'ils pretendoient que la Souveraineté étoit devoluë toute entiere au Parlement, & qu'ils n'ont jamais pretendu condamner leur Roi entant que Roi Souverain. Or si une fois on établit pour principe, que la Souveraineté émane du peuple, on conçoit chaque membre de la Société comme un Souverain absolu pour le moment qui a precedé son incorporation dans la Republique. Ensuitte s'il n'est plus Souverain, ce n'est qu'à l'égard des droits ausquels il a renoncé, mais quand aux choses dont il n'a point cedé la souveraineté, il est évident qu'il demeure souverain : donc il le demeure quant au droit d'examiner ce qu'on lui commande,

&

& d'y desobeïr s'il le juge tirannique, & contraire au but qu'on s'est proposé en formant les Societez : donc si on le punit pour cette desobeïssance, on punit un souverain entant que tel, ce qui est le comble de l'injustice.

Quel étrange & abominable état n'est ce point que celui où il n'y a plus de rebellion, plus de felonie, plus de crime de Leze Majesté, ni rien presque qu'on puisse punir justement ! C'est neanmoins l'état où seroient reduits tous les Roiaumes, & toutes les Republiques du monde, si vôtre pretenduë souveraineté du peuple non alienée jamais à pur & à plein avoit lieu. Tournez vous de tous côtez tant qu'il vous plairra, vous n'éviterez jamais ce précipice.

Direz vous que chaque particulier ne se reserve pas un droit d'ind'inspection sur la conduite du Monarque, avec la faculté de ne s'y soumettre point lors qu'il la trouve mauvaise ; mais que neanmoins il ne faut pas laisser à la discretion d'un seul homme le sort de toute une nation, qu'il le faut brider par la tenuë des Parlemens, ou des Etats Generaux, comme par autant d'Inspecteurs & d'Ephores. Fort bien, *sed quis custodiet ipsos custodes ?* Mais qui veillera sur la conduitte de ces Parlemens Inspecteurs ? Faudra-t-'il se soumettre aveuglement à tout ce à quoi ils consentiront, ou bien aura-t'on la faculté d'examiner leur consentement, & de ne le pas ratifier si on le trouve deraisonnable ? En ce dernier cas, vous donnez dans le progrez à l'infini, dans l'anarchie, dans une dissolution des societez semblable à ce qu'on nomme dans les

les Ecoles, *resolutio usque ad materiam primam*, puisque c'est remettre chaque individu dans la même indépendance qu'il auroit euë, s'il ne s'étoit point aggregé à aucun Corps Politique. Au 1. cas vous m'accordez ce que je demande, savoir qu'il faut necessairement qu'il y ait dans tous les Etats un Tribunal supreme dont tous les particuliers soient obligez d'executer les commandemens, à peine d'être punis comme seditieux & perturbateurs du repos public, & qui n'est justiciable que de Dieu. Peu m'importe pour le present que ce tribunal supreme consiste ou dans la volonté d'un seul homme, ou dans le concours d'un certain nombre de suffrages, 50. 60. 300. 500. plus ou moins. Il n'en est pas moins vrai que tous les membres de l'Etat doivent obeir à ce tribunal

bunal, & qu'on les y peut contraindre, sans être responsable qu'à Dieu de l'usage que l'on aura fait de ce pouvoir coactif. Par consequent point de Souveraineté du peuple, & vous voila dans un embarras compliqué de contradiction. Vous voulez que le peuple soit souverain, & neanmoins vous mettez les choses dans le premier des 2. cas que je vous ai proposez, & vous ne sauriez vous empêcher de les y mettre.

Car par exemple, vous étés fort persuadez qu'un Maire de Londres, un Lord, ou un Evêque d'Angleterre, qui desobeiroient aujourdhui aux ordres du Parlement aprouvez par le nouveau Prince, meriteroient le suplice des rebelles, encore qu'ils fondassent leur desobeissance sur ce qu'en examinant ces ordres ils ne les auroient pas trou-

trouvez bons. Ainsi vous convenez qu'il y a dans le concours des 2. Chambres du Parlement avec le Roi d'Angleterre, un Tribunal Souverain, à qui tout doit obeïssance, à qui nul particulier * ne desobeït sous quelque pretexte que ce soit, sans encourir le crime de rebellion. La Republique Romaine, celle de Venise, celle de Hollande, & tout ce qu'il y a jamais eu d'Etats au monde, ont eu & ont necessairement un semblable Tribunal ; de sorte que la difference des Monarchies & des Republiques ne consiste pas en ce qu'il est plus permis de desobeïr à la Puissance Souveraine dans les Republiques que dans les Monarchies, mais en ce que dans les Monarchies cette puissance est attachée à une seule personne, au lieu que dans les Republiques elle demande un cer-

* Je n'entens point y comprendre le simple refus de faire ce qu'on croit defendu de Dieu, comme de signer que le Pape est l'Antechrist, ou d'aller à la Messe.

certain concours de suffrages, &
quoi qu'il en soit, il n'y a nul
particulier sous ces deux differentes sortes de Gouvernement
qui ne soit également destitué de
tout droit de contradiction par
raport à la puissance souveraine, & qui ne merite également
toute la rigueur des loix, lors
qu'il resiste à cette puissance.

Où est donc cette pretenduë
Souveraineté du peuple que
vous prônez tant depuis quelques mois. Cette chimere favori-
te le plus monstrueux & en
même tems le plus pernicieux
dogme dont on puisse infatuer le
monde ? Ceux pour qui vous
l'avez resuscitée du tombeau de
Buchanan, de Junius Brutus, &
de Milton l'infame Apologiste
de Cromwel seroient bien em-
barrassez, si les habitans de la
Grande Bretagne se vouloient
servir du present que vous leur
faites,

faites, car si en vertu de cette Souveraineté le peuple peut contraindre les Monarques à rendre compte de leur administration, & nommer pour cela des Commissaires, il peut aussi faire examiner par d'autres Commissaires la conduite d'une Convention ou d'un Parlement. Qui le peut nier ? Et qu'y auroit il de plus ridicule que de pretendre que la Souveraineté d'un peuple lui donne droit de s'opposer à un Roi, mais non pas à une Assemblée de 4. ou 5. cens personnes plus ou moins? Ainsi quand il plaira aux Anglois & aux Ecossois, ils pourront fort legitimement, selon vos principes, autoriser telles personnes qu'ils jugeront à propos, pour la revision des Actes de l'année passée, & pour la cassation de tout ce qui leur y déplaira, & pour un second exercice

cice du droit d'Election auquel la Couronne cy devant hereditaire a été soumise. Que si ces nouveaux Commissaires ne s'aquittent point de leur emploi au contentement du peuple, on en pourra nommer d'autres, & puis encore d'autres jusques à ce que tout le monde soit content, c'est à dire sans fin & sans cesse.

Croiez moi, Monsieur, le meilleur moien de faire sa Cour aux Princes qui montent extraordinairement sur le trône par la voie de l'Election, n'est pas de tant inculquer aux nouveaux sujets qu'ils sont superieurs à leur Monarque. On aimeroit mieux qu'ils oubliassent entierement cette pretention, qui n'est bonne qu'à la maniere des échafaudages, pendant qu'on batit, mais non pas lors que le batiment est achevé. Les deputez d'Ecosse qui vinrent en 1571.

à

à la Cour d'Angleterre pour justifier la deposition de la Reine Marie Stuart, & qui presenterent à la Reyne Elisabeth un livre où ils avoient etalé les droits du peuple sur les têtes Couronnées, lui deplurent beaucoup. Lisez, je vous prie, ce qu'en dit * Camdenus à la confusion de vos Ecrivains. C'eust été encore pis, si des Anglois avoient presenté un semblable livre.

Ce qu'il y a de plus étrange dans vos Principes, & en même tems de plus propre à en faire vou-

* Elizabethæ jubenti ut causas Reginam abdicandi clarius explicarent, & justas esse probarent, Commentarium prolixum exhibuerunt, quo insolenti quadam libertate & verborum asperitate Populum Scoticum Regibus esse superiorem ex veteri regni Scotici jure, exemplis obsoletis & novis undiquaque conquisitis, imo & ex divini autoritate populares ubique Magistratus ad libidinem Regum moderandam constitutos esse, iisque licere indignos Reges coërceribus coercere & regno exuere probare conati: de sua autem erga Reginam abdicatam lenitate gloriari prædicabant; quod filium in suum locum subrogatoresque dare permiserint. Ex populi misericordia non ex ipsius innocentia fuisse, quod supersit, & alia multa quæ tumultuantia ingenia contra Regiam Majestatem petulanter comminiscuntur. Hunc non sine indignatione legit Elizabetha, atque ut in Regum injuriam scriptum damnavit. Guil. Camdenus Annal. part. 2. ad ann. 1571.

voir la fausseté ; c'est qu'ils conduisent naturellement & necessairement à cet autre dogme, *que le plus grand nombre ne doit pas l'emporter sur le plus petit.* Voila quelles sont aussi vos pretentions, comme je vous l'ai déja marqué. Vous pretendez avoir le même droit que vos Ancêtres de prendre les armes en ce Roiaume pour vous faire redonner ce que le plus grand nombre des sujets a consenti que l'on vous ôtast, & vous aprouvez qu'une poignée de Vaudois rentrent par force dans un coin de terre d'où tous les autres sujets du Duc de Savoye ont trouvé bon qu'ils sortissent. Je vous parlerai bien tôt de cette belle expedition. En attendant considerez avec moi, je vous en conjure, ce que je m'en vai vous dire.

Il est certain que si le plus petit nombre dans une Societé civile n'est pas obligé d'aquiescer

cer à la pluralité des voix, vous n'avez pas été obligez en France à vous soumettre à des Edits rigoureux, quelque verifiez qu'ils fussent dans tous les Parlemens du Roiaume. Si vous n'avez pas été obligez de vous y soumettre, une autre secte moins nombreuse, comme seroient aujourdhui les Sociniens & les Quietistes, ne seroit point non plus obligée à subir les loix penales, que vous aussi bien que nous trouveriez fort bon de leur infliger. Et par la même raison la Noblesse ne seroit pas obligée de souffrir que le reste du Roiaume lui ôtast ses anciens droits : une Province ne devroit pas souffrir la diminution de ses privileges ordonnée & consentie par toutes les autres : une ville ne devroit pas endurer les innovations à sa charge, qui seroient jugées necessaires au bien

bien public par tout le reste des sujets : enfin un simple particulier se pourroit roidir lui seul contre tous les Arrêts de son Roi, & des Cours Souveraines du Roiaume, s'il se sentoit lezé trop grievement. Ainsi vous introduitez dans les Corps politiques la même divisibilité que les philosophes admettent dans les corps naturels. pour le moins vous admettez celle d'Epicure, c'est à dire la divisibilité jusqu'aux atomes, jusqu'à chaque individu, ou chaque personne particuliere.

Il ne serviroit de rien de repondre que ces inconveniens ne sont pas à craindre, veu qu'un homme n'est pas assez fou pour s'opposer lui seul à l'execution d'un Arrêt de Parlement, ni une Ville assez imprudente pour se revolter elle seule mal à propos ; cette reponse, dis-je, seroit

roit fort vaine pour 2. raisons. 1º. parce qu'il n'y a que trop d'exemples ou de villes qui ont commencé une sedition sans avoir consulté aucune autre ville, ou de simples particuliers qui par leurs cabales, par leur ascendant sur le menu peuple, par des intrigues adroitement menagées avec les ennemis de l'Etat, ont causé de très dangereuses seditions. 2º. parce qu'il ne s'agit pas tant ici du fait que du droit. Il ne s'agit pas tant de savoir si 2. ou 3. hommes prenent les armes dans une ville contre tous les autres habitans, que de savoir s'ils les peuvent prendre sans offenser Dieu, sans choquer le droit & la justice, sans blesser aucune autre vertu que ce que l'on nomme prudence humaine, & que l'on oppose au vice de temerité. Il resulte clairement de vos Principes

pes qu'un homme qui prendroit les armes pour conserver son bien, adjugé injustement à un autre par celui ou ceux qui representent la Majesté de l'Etat (comme en Angleterre par le Roi & le Parlement) ne seroit tout au plus que temeraire.

Cette consequence n'est pas inconnuë à vos Auteurs. Lisez l'Esprit de Mr. Arnaud, vous y trouverez d'un côté * que les Rois sont faits pour les peuples, & non pas les peuples pour les Rois ; qu'il y avoit des peuples avant qu'il y eut des Rois, que ce sont les peuples qui ont fait les Rois, & qu'ainsi les Protestans de Hongrie *ont eu droit de secoüer le joug* tirannique de l'Empereur, & de se jetter entre les bras des Turcs, & que tous les Protestans qui gemiront sous de semblables persecutions

* To. 2. pag. 293.

auront raison de choisir un autre Maitre. D'autre côté consequemment à ce dogme vous y verrez bien * que l'entreprise de quelques Huguenots qui se souleverent en 1682. & dont les proüesses sont raportées avec tant de complaisance par l'Auteur de ce livre, qu'il a même publié celles qu'il savoit qu'on leur avoit attribuées faussement, vous y verrez bien, dis-je, que *leur action pour la definir comme elle le merite est imprudente, temeraire, precipitée, & impatiente*, mais non pas injuste, ni contraire à la Morale de l'Evangile; car il pretend a que ceux qui repoussent la force par la force agissent selon les loix de la nature, & il ne croit pas que l'Evangile soit venu pour abolir la nature. Il n'y a donc tout au plus dans les revoltes que de la temerité, & qu'un mauvais choix des circonstances.

* Ibid. pag. 364.

a Ibid. pag. 368.

ſtances. Encore y a t'il moien de les garentir de tout blâme à cét égard, ſi l'on veut raiſonner ainſi. Le bon ſuccez verectifie ordinairement tous les defauts des entrepriſes temeraires ; ce ne ſeroit donc qu'à cauſe du mauvais ſuccez qu'on devroit crier contre les revoltes de cette nature, mais y ayant eu beaucoup de ſoulevemens qui contre toute ſorte d'apparence ſe ſont terminez par l'erection de nouvelles Republiques, ceux qui commencent une ſedition en peuvent toujours eſperer une bonne iſſuë : pourquoi donc les appelleroit-t'on des temeraires ? Qui ſait s'ils ne reuſſiront pas ? Et au pis aller qui ne ſait qu'une action eſt en elle même indifferente, ſi elle ne devient bonne ou mauvaiſe que par le ſuccez ?

Mais ſi d'un côté vous reduiſez à neant le crime des ſeditieux,

tieux, vous reduisez de l'autre les Souverains à la dure necessité de ne pouvoir punir les Rebelles sans commettre des injustices. En effet la Souveraineté du peuple une fois posée, il s'ensuit que l'on doit considerer tous les Membres d'un Etat comme autant de Souverains qui se sont confederez entre eux, à peu prés à la maniere des 13. Cantons Suisses ou des 7. Provinces-Unies. Or n'est il pas vrai que la confederation des 7. Provinces-Unies ne donne aucun droit à la Province de Hollande la plus forte de toutes, de contraindre les autres à se conformer à ses volontez? N'est il pas vrai que leur confederation n'empêche pas que chacune ne se gouverne selon ses loix particulieres, sans que les autres s'en puissent meler que par voie de remontrance, & par des offices

de

de bons voisins, & de fidelles alliez ? N'est il pas vrai que si sous pretexte que l'une de ces Provinces, la plus foible de toutes, n'auroit pas voulu consentir aux propositions de la Hollande, celle cy la chatioit ou par des executions Militaires, ou par telles autres voies de fait, ce seroit une invasion & une oppression tres-injuste, qu'il seroit permis de repousser avec le secours des plus grands ennemis de la Hollande ? Disons semblablement selon vos principes que lors qu'une partie des sujets, ne fust-ce que la millieme, refuse d'obeir aux commandemens de la Cour, ou du Senat, il ne reste aux autres parties que la voie des remonstrances pour la ramener à l'union, mais que la contrainte par logement de gens de guerre, & par le supplice des pretendus Chefs des mu-
tins

tins est une procedure criminelle, semblable à celle des Conquerans qui abusent de leurs forces pour reduire en servitude tout ce qui ne veut pas subir leur joug, & contre laquelle il est tres permis de se pourvoir le mieux qu'il est possible. Vous me l'accorderez sans peine quand il ne s'agira que des Protestans de France desobeiffans à la deffense de s'attrouper, mais que direz vous du Roi David qui a pretendu pouvoir chatier comme ce francs Rebelles ceux d'entre ses sujets qui avoient élu Absalon? Que direz vous du nouveau Gouvernement d'Angleterre qui a les mêmes pretentions contre les fidelles sujets du Roi Jaques?

On ne sauroit donc trop souvent vous reprocher que vos libelles tendent tout droit à l'Anarchie, & qu'ils sont encore
plus

plus dangereux dans les Pays où il y a plusieurs sectes, comme en Angleterre & en Hollande, qu'en ce pays-cy : car comme il est hors de doute que l'essence de la Souveraineté ne consiste point en la multitude des sujets, il s'ensuit que le Monarque d'un petit Roiaume est aussi Souverain que le Monarque d'un grand, & qu'en cas que la Souveraineté apartienne au peuple, une petite secte est aussi Souveraine qu'une grande. Ainsi chaque secte en Angleterre & en Hollande auroit droit aux biens, & aux suittes de la Souveraineté, tout de même que la secte dominante, & on ne l'en pourroit exclurre que par la loi du plus fort, auquel cas il est permis à chaque petit Souverain opprimé par ses voisins d'implorer l'assistance des autres Princes jusqu'au bout du monde.

de. Voiez où cela vous meneroit dans les Pays en faveur desquels vous croiez écrire.

Je le dis encore un coup ; il n'y a point de fondement de la tranquillité publique que vous ne sappiez ; point de frein qui contienne les peuples dans l'obeïssance, que vous ne brisiez. Vous ne voulez point que le plus grand nombre des voix l'emporte : vous ne laissez pour tout crime aux seditieux, que le blâme d'avoir mal pris leur tems (ce qui entraine avec soi l'entiere justification des revoltes qui reussissent) & vous jettez le Souverain dans l'inévitable necessité de faire des crimes, quand il ose châtier les Rebelles. Que deviendra donc ce lien de la paix publique fondé sur la Religion, & sur la crainte d'offenser Dieu en desobeïssant aux Puissances, cét ordre de de St. * Paul de leur obeïr non seulement par la crainte du châtiment, mais aussi par un motif de conscience ; que deviendra, dis-je, tout cela si les Souverains ne sont que les Procureurs du Peuple, & si le peuple se reserve toûjours le droit d'examiner ce qu'ils commandent, & de n'y pas obeïr lors qu'il ne le trouve pas conforme aux loix, ou d'y obeïr seulement par provision, jusques à ce que l'on ait lié une partie capable de desobeïr impunément ? N'est ce pas degager les hommes de toute obligation Morale à l'égard de leurs Souverains, excepté dans les cas où ceux ci ont le bonheur de paroitre raisonnables à la petite & foible cervelle d'un tas d'ignorans ? Par tout ailleurs vous n'engagez les sujets à l'obeïssance que par les motifs qui retiennent les plus

* Epitre aux Rom. ch. 13. v. 5.

plus grands fcelerats dans le devoir, je veux dire, par la crainte d'empirer fa condition, veu les circonstances où l'on fe trouve.

On me pourra dire 2. chofes. La 1. que fi les Rois tenoient leur parole, & s'ils obfervoient les loix du Roiaume, les peuples ne fongeroient jamais à fe foulever. Je croi bien que le peuple n'y fongeroit gueres, fi quelques Efprits ambitieux, ou mécontens ne le debauchoient. Mais il fe laiffera toûjours aifement corrompre, pendant que ces fortes de méchans fujets le flatteront de fa Souveraineté originale: & ils ne manqueront jamais du faux pretexte de l'inobfervation des loix. Je l'apelle faux pretexte, parce que de la maniere que font faits les hommes, il eft impoffible de faire des loix qui n'aient befoin de cor-

Avis aux Refugiez. 115

corrections, d'exceptions, de limitations, d'extensions; de sorte que le meilleur Prince du Monde, & le plus intelligent dans l'art de regner, est mille fois obligé pour le plus grand bien de ses sujets d'accommoder les loix aux tems & aux lieux, d'en changer même quelques unes entierement, & d'en faire de nouvelles. C'est ainsi * qu'au siecle passé nos Rois voulant éviter un plus grand mal, abolirent plus d'une fois les Edits qui defendoient toute autre Religion que la Catholique. C'est donc au peuple à laisser à ceux qui gouvernent, le soin d'appliquer & d'interpreter les

1562.
* En l'Edit de Juillet defendant aux Protestans de s'assembler pour l'exercice de leur Religion, fut revoqué par celui de Janvier contre une paisible possession de prés de 12. cens ans, sur la remontrance du Chancelier de l'Hopital, le plus grand homme d'Etat qui fut alors, qui fit extremement valoir cette maxime qu'il faut que les loix s'accommodent aux tems & aux personnes, & non pas les personnes & les tems aux loix. Consultez la Popeliniere Historien Protestant li. 7.

les loix, & ce ne seroit plus un Gouvernement, mais une Anarchie, une Tour de Babel, & pis encore, s'il faloit que le peuple fust juge des cas & des circonstances où il faut executer les loix au pied de la lettre, ou bien les modifier.

Quoi qu'il en soit, jamais ce pretexte ne manquera, & jamais nation n'auroit du plus souvent que la Britannique bouleverser son Gouvernement, si ce pretexte étoit valable, car il n'est point de pays au monde où le Souverain (j'entens le Roi & le Parlement pris ensemble) change & rechange plus souvent les loix qu'en Angleterre.

Quod

*Quod petiit, * spernit: repetit,
quod nuper omisit:
Æstuat, & vita disconvenit or-
dine toto:
Diruit, ædificat, mutat quadra-
ta rotundis.*

* Horat.
l. 1.
Epist. 1.

On n'y voit que Parlemens qui defont ce que les autres avoient fait, en matiere même de Religion. Tantôt ils abolissent la primauté du Pape, & puis la Messe, tantôt ils les retablissent, mais c'est pour les renverser encore mieux peu de tems après. Ils regardent assez long tems le serment de supremacie comme le *Palladium* de la Foi & de l'Etat, & puis tout d'un coup ils le suppriment; & le pauvre peuple se persuade qu'il joüit d'une perpetuelle Souveraineté, sous pretexte que tous ces balotemens ne depenpendent pas du caprice d'une seule tête, mais de celui de 2. ou 3. cens. Je vous prie de me dire en quel temps l'Angleterre auroit pu joüir de la paix sans quereller son Roi & son Parlement tout ensemble, si le peuple avoit raison de se mutiner lors qu'il voit arriver du changement aux loix du Païs.

Où en seroient l'Empereur & les Electeurs si l'inobservation des loix étoit un sujet valable de se soulever ? Il y a un article parmi les Constitutions fondamentales de l'Empire, qui défend de conferer la Couronne Imperiale plusieurs fois de suite aux Princes de la même Maison. Il y en a un autre touchant l'âge qu'on doit avoir quand on est eleu Roi des Romains. Ce dernier article est tout prêt à être violé dans la prochaine Diete Electorale: l'autre est violé depuis

puis plus de 2. siecles sans aucune interruption. Approuveriez vous que les Vassaux des Electeurs conjointement avec les Princes & avec les autres membres de l'Empire, eussent pris les armes contre les Electeurs, afin de leur faire rendre compte du peu d'égard qu'ils ont eu à la 1. de ces deux loix? Aprouveriez vous qu'on se mutinât au plûtôt, sous pretexte que la 2. n'a pas été observée. Je croi bien que vos freres de Hongrie le souhaitteroient, car autant que vous demandez à Dieu que la Maison d'Austriche abaisse la France, autant font-ils des vœux pour que la France abaisse la Maison d'Austriche; tant il est vrai que la Reforme n'est pas toute animée du même esprit, & que chacun y cherche ce qui lui est propre, *unusquisque quæ sua sunt quærit.* Mais pour

pour vous je suis assure que vous detesteriez les chicanes que l'on voudroit faire les armes à la main sur la minorité du Roy de Hongrie, & vous auriez raison: nôtre interêt ne nous aveugle pas assez pour nous empêcher d'avoüer que ce seroient des seditions tres-mal fondées. Il faut qu'il y ait par tout un Tribunal, sur la decision duquel on se repose tout à fait, quant aux tems où il est plus à propos ou moins à propos d'enfraindre les loix que de les suivre. Rien n'est quelquefois plus pernicieux que leur observation literale, *summum jus summa injuria.*

L'autre chose qu'on me peut dire est que vos Eleves de Junius Brutus n'excluent point les sermens de fidelité, qui font un engagement Moral envers les Puissances. Mais qu'est-ce qu'une barriere comme celle là,

lors

lors qu'on y laisse autant d'ouvertures que vous y en laissez, en disant à ceux qui prêtent le serment de fidelité, qu'ils ont le droit d'examiner ce qu'on leur commande, & de decider s'il est conforme au bien public, & à leurs privileges particuliers ; que leur serment ne peut jamais les engager à quoi que ce soit, au prejudice de cette loi universelle salus populi suprema lex esto ; que le peuple est toûjours Mineur ; qu'il n'y a point de prescription contre sa souveraineté ; qu'un Roi qui ne gouverne pas selon les loix, & qui ne remplit pas les fins pour lesquelles il a été élû, qui sont de rendre ses sujets heureux, est un tiran justiciable du peuple, tant s'en faut que le serment que le peuple lui a prêté subsiste. Les termes d'oppression & de tirannie ont ils un sens arrêté ? Leur signification n'est elle-pas differente
selon

selon le genie & le gout des gens, aussi-bien que celle de mauvaise chere, & de mechant vin. Cette conservation du peuple qui doit être la loi supreme, a-t-elle des limites plus certains? Combien y a-t-il de gens qui vous soûtiendront qu'il vaut mieux être mort que miserable, & par consequent que par *salus populi*, la conservation du peuple, il se faut bien garder d'entendre simplement la vie, qu'il faut entendre aussi les commoditez de la vie ; autre terme vague sous qui l'on comprend plus ou moins de choses selon les idées qu'on se fait du necessaire. De sorte que chaque particulier étant juge, selon vous, en dernier ressort de la conduite de ceux qui gouvernent, il ne manquera pas de definir la tirannie, l'opression, le bien public, le salut du peuple, les commoditez

ditez de la vie, la liberté, le necessaire, par raport à sa sensibilité, & à son inclination, & ainsi jamais les pretextes les plus specieux de se degager de son serment, & de changer de Maître ne manqueront.

On ne sauroit mieux vous representer ceci que par vôtre conduite à l'égard de vos Synodes. Vous n'ignorez pas que dans ces dernieres années on vous a furieusement harselez sur la soûmission que vôtre discipline exige de vous à l'égard de vos Synodes Nationaux, & que vous leur promettez par la lettre de creance de vos Deputez. Vôtre réponse tout à fait conforme à vos Principes est que ces promesses & ces reglemens de discipline ne peuvent en façon du monde deroger au droit inalienable qu'ont tous les particuliers d'examiner les decisions des Conciles, & de ne s'y soûmettre qu'entant qu'ils les jugeront conformes à la parole de Dieu. Voilà justement vôtre retraitte quand on vous pressera sur le serment de fidelité; vous répondrez que le peuple ne s'est jamais soûmis aux Rois que comme à ses Plenipotentiaires, & qu'il s'est toûjours reservé le droit d'examiner leur conduite, & de ne la point ratifier s'il ne la trouve conforme aux loix.

Il n'y a pas long-temps qu'on vous a montré * avec une extreme force, que vôtre principe de l'examen particulier dans les matieres de foi est un principe de desunion, qui ne va pas à moins qu'au Brownisme, c'est-à-dire, à l'établissement d'autant de Sectes, ou de Communions differentes, qu'il y a de familles dans un Etat. La chose est si evidente qu'elle ne souffre

* Nicolle, de l'unité de l'Eglise l. 3. ch. 4.

souffre point de replique, car n'y aiant point chez vous un Tribunal dont les decisions puissent affermir la foi des particuliers, qu'à proportion que par leurs propres lumieres, il les trouvent conformes à l'Ecriture, il faut que vous consentiez que l'on contredise vos Synodes, si en les examinant, on ne trouve pas qu'ils quadrent avec la parole de Dieu ; & toute la grace que vous demandez presentement pour vôtre Eglise, c'est qu'elle ait le même pouvoir que l'on ne refuse pas au Corps des Marchans & des Metiers dans les villes bien policées, qui est de donner l'exclusion à ceux qui ne veulent pas suivre leurs statuts, & leurs reglemens. On ne sauroit vous le refuser, mais vous ne pouvez pas non plus pretendre que ceux que vous excluez de vôtre con-
fede-

federation Ecclesiastique, ne forment une autre confederation, puis qu'ils sont nez aussi souverains que vous, & qu'ils ont autant de droit que vous d'examiner l'Ecriture, & de ne suivre que leurs lumieres particulieres. Voilà donc fort clairement la divisibilité de l'Eglise en autant de confederations particulieres qu'il y a de chefs de famille, & peut-être même son analyse jusqu'aux principes les plus simples, qui sont les individus, *resolutio usque ad materiam primam.*

Vôtre souveraineté du peuple conduit à la même divisibilité, comme je vous l'ai déja dit, car si tous les hommes sont nez également souverains & independans, & s'ils ne se confederent qu'à condition de demeurer toûjours juges souverains de ceux à qui ils confient l'administraministration de la Republique, & de n'obeïr à leurs ordres, que quand ils les auront trouvez conformes aux loix; il est clair qu'on ne peut contraindre à l'obéïssance ceux qui trouvent ces ordres injustes, & que si on peut les exclurre de la confederation, on ne sauroit au moins les empécher avec justice de former une autre Societé. D'ailleurs comme la souveraineté naturelle que vous donnez à chaque particulier par raport à la confession de foi, le degage de toutes les signatures, & de tous les sermens que lui oû ses Ancêtres pourroient avoir faits, en sorte qu'il ne reconnoit d'autre superieur que les lumieres qu'il trouve dans son esprit en examinant l'Ecriture, il faut aussi que vous avoüiez que la souveraineté naturelle, imperscriptible, & inalienable que vous donnez au

F 4   peuple

peuple à l'égard du gouvernement civil le degage de tous les sermens pretez par lui ou par ses Ancêtres, dés qu'il est question de liberté, ou de religion, ou de loix fondamentales, ou de tyrannie, ou d'autres sembla, bles termes, à quoi on donne telle étenduë qu'on veut.

Ceci ne se doit pas seulement entendre de toute l'assemblée du peuple, mais aussi de chaque particulier, comme je vous le montrerai bien-tôt : mais je veux auparavant vous feliciter de la consonance merveilleuse où vous avez mis vos dogmes.

Croire comme vous avez fait de tout temps, que l'Eglise n'a point une autorité à laquelle chaque particulier doive soumettre ses propres lumieres, & croire comme vous faisiez encore lors de la publication *de la politique du Clergé*, & de la con-

conference * de Mr. l'Evêque de Meaux avec Mr. Claude, que la Societé civile est revêtuë d'un pouvoir à qui tous les particuliers doivent obéir, c'étoit faire un mariage *a* mal assorti, c'étoit joindre ensemble deux systemes qui n'étoient pas faits l'un pour l'autre. Maintenant vous les avez mis à l'unisson, vous en avez ôté la *disparate*, il n'y reste plus aucune difformité relative, & vous ne devez plus faire ce souhait

* *Mr. Claude a publié cette Conference en 1683.*

a Impares formas atque animos sub juga ahenea sævo mittere cum joco. Horat. od. 33. l. 1.

O si b *Angulus ille Proximus accedat, qui nunc deformat agellum!*

b Horat. Satyr. 6. li. 2.

Vous vous êtes mis au large à tous égards, & vous avez verifié les craintes que l'on conçut de vôtre parti dés qu'il parut, & qui firent dire, qu'il n'y a pas loin de secoüer l'autorité
F 5   de

de l'Eglise, jufqu'à fecoüer celle des Puiffances Souveraines, ni d'établir l'égalité des Pafteurs jufqu'à établir celle des Magiftrats feculiers.

Ne nous reprochez donc plus comme une fauffeté abfurde la conformité que l'on établit parmi nous entre le Gouvernement Ecclefiaftique, & le Gouvernement civil. Mr. Claude dans la Preface de fa Conference pretend nous convaincre d'un grand crime en faifant voir que nous avons formé le plan de l'Eglife fur celui des Societez humaines, & qu'entre autres chofes, nous avons êté puifer à cette fource l'idée de fon infaillibilité. *Pouffant encore leurs idées plus loin*, dit-il, *ils fe font figurez que comme pour la confervation de la Societé civile, il eft abfolument neceffaire qu'il y ait une autorité fouveraine, & abfolüe*

soluë sous laquelle tout flechisse, parce que sans cela il ne seroit pas possible de terminer les differens, ni d'empêcher les divisions intestines, la même chose aussi étoit necessaire dans l'Eglise, dans laquelle il falloit reconnoître un tribunal souverain & absolu sur la terre, & qu'à moins de cela & de rendre à ce tribunal une soûmission entiere, à l'égard même des choses de la conscience, on ne pourroit jamais finir les disputes, ni conserver l'unité, de sorte qu'à la fin il se feroit autant d'Eglises & de Religions que de familles. C'est de là que sont nées les pretentions de l'infaillibilité, & de l'obéissance aveugle aux decisions des Assemblées, sans s'ingerer de les examiner. Aprés cela il rapporte plusieurs differences qu'il pretend se rencontrer entre la Societé civile & l'Eglise, & n'oublie point celle-ci; c'est
que

que dans la Societé civile les particuliers doivent souffrir les injustices qui leur seront faites, plûtôt que de troubler la paix de tout le corps, parce qu'ils peuvent souffrir des injustices sans les aprouver, & que s'ils le font leur mal n'est pas sans remede, puis que Dieu qui est le protecteur des innocens oppressez, les pourra toûjours dedommager avantageusement de toutes leurs pertes.

A quoi aboutiront desormais toutes ces remarques puis qu'à vôtre tour vous avez formé le plan de la Societé civile sur celui de l'Eglise, ne donnant à celle là que l'autorité que vous donnez à celle-ci, & ne voulant pas que les hommes soient plus soumis aux Rois qu'ils jugent mechans, que les Chrétiens aux Pasteurs qu'ils jugent heterodoxes. Je vous declare, Monsieur, que nous ne nous defendrons

drons jamais d'avoir une idée de l'autorité de l'Eglise quant aux matieres de foi, qui entre autres grands avantages nous conduit à bien établir la soumission qui est deuë aux puissances souveraines. Mais pour vous je ne comprens pas comme vous osez paroître devant des personnes raisonnables avec la conformité que vous venez d'établir entre l'autorité des Rois, & l'autorité des Synodes ; car si vôtre dogme de l'examen particulier qui vous fait dire que le plus petit Artisan, bien loin de se reposer sur la decision des Conciles Oecumeniques, la doit comparer avec ses lumieres, & en cas d'opposition, preferer son petit sens, à celui de toute l'Eglise, vous rend moins dignes de haine que de pitié, parce qu'il ne peut plus faire de mal qu'à vôtre parti, en y multipliant les divisions, &

en confirmant par là nos hypotheses, si ce dogme, dis-je, est maintenant moins à craindre qu'à meprifer, il n'en est pas de même de cét autre dogme, qui vous fait dire que les peuples doivent examiner les Edits du Souverain, & s'y opposer quand ils les jugent contraires à la raison. C'est de quoi vous regarder comme la peste des Etats, & comme des perturbateurs du repos public. Il vous vaudroit mieux, Monsieur, retenir la juste idée que Mr. Claude nous étale de la Societé civile, & n'avoir pas tant de simmetrie dans vôtre Systeme, que de l'arrondir aussi regulierement que vous l'avez fait, au depens des liens & des fondemens les plus essentiellement necessaires aux corps Politiques.

Que répondrez vous desormais à ceux qui vous reprocheront com-

comme fit un * Ministre Converti l'an 1660. Qu'on sait combien peu vous étes scrupuleux à détroner les Rois, aians même trouvé les moiens de les faire mourir par la Justice ; que vous faites vos joüets de ce qu'il y a de plus saint & de plus sacré sur la terre, que vous disposez des Sceptres & des Couronnes à vôtre fantaisie, que vous rappellez quand il vous plait les Enfans à leur droit, aprés en avoir tragiquement depossedé les Peres. Que vous chassez tout de nouveau ces mêmes enfans (ajouteroit-il aujourdhui s'il faisoit reimprimer son livre) que vous declarez leurs Roiaumes électifs, que vous les conferez aux gendres au prejudice des fils & des filles, & que vous faites une loi pour en exclurre à jamais les successeurs les plus legitimes, s'ils ne sont de vôtre Religion.

Repondrez vous comme fit en ce

* Mr. Cottiby Replique à la lettre de Mr. Daillé p. 211.

ce temps-là Mr. * Daillé, 1. Que vous n'avez point eu de part dans le conseil des Parlementaires d'Angleterre. 2. *Que vous n'avez point approuvé leur parricide.* 3. Que personne ne s'est écrié plus haut que vous contre leur impieté barbare & denaturée, comme il paroit par les écrits de Mrs. Saumaise, Amiraut, Bochard, Heraud, & par le livre intitulé, *le cri du sang Roial.* 4. Que ceux qui ont commis ces horreurs ont été *Independans,* nouvelle Secte inouie à vos Peres, & à vous, & dont quelques uns des vôtres ont publiquement refuté les maximes pernicieuses, & qui renversent de fond en comble l'ordre de vos Eglises, aussi bien que celui des Empires & des Etats du monde. 5. *Que ceux qui ont rapellé dans son Roiaume Charles II. ne sont pas les mêmes qui en avoient depossedé son*

* Replique à Aaam & Cottiby 2. part. p. 127.

son pere, ni ne pretendent que c'est de leur autorité que ce Roi tenoit sa couronne, chacun sachant que les serviteurs de ce Prince qui par leurs fideles adresses lui ont ouvert l'entrée dans ses Iles, sont tout autres que ceux qui oterent le diademe & la vie à son pere, & qu'ils reconnoissent qu'il tient le droit qu'il a sur son Roiaume, de Dieu seul & du sang d'où il l'a fait naitre, & non d'eux.

Voila qui étoit bon à dire il y a 30. ans, puis que l'on n'avoit pas en main dequoi vous convaincre : mais presentement l'on vous tient enserrez de tous côtes par vôtre propre confession. Car pour ne pas remonter à la Tragedie que Monsieur Cottiby ne vous laissa point passer, & à l'égard de laquelle il semble à beaucoup de gens que vôtre conduite presente a un merveilleux effet retroactif, vous

vous ne pouvez vous justifier des dernieres Catastrophes d'Angleterre par aucun des moiens dont le Ministre Daillé se servit alors.

I. Vous ne pouvez pas dire que vous n'y avez point eu de part, car on peut asseurer sans Hyperbole que le detrônement du Roy de la grand' Bretagne est l'ouvrage de tout le parti. Les Couronnes du Nord y ont contribué de leurs troupes : les Princes Protestans d'Allemagne ont assemblé toutes leurs forces pour favoriser l'entreprise : la Hollande s'est épuisée de vaisseaux, de soldats, d'argent, de ruses pour frapper le grand coup, & les Cantons Suisses y ont contribué en donnant toute sorte d'ombrages à la France. Pour ce qui est des particuliers, il est certain que les Ministres y ont contribué par leurs Ecrits & par leurs predications, & que chacun

chacun de vous y a fourni son écot, comme autrefois les Israëlites à la construction du tabernacle. Si ce n'a point été en argent, ç'a été du moins en paroles & en souhaits, & l'on peut fort bien apliquer à cette affaire ce que * Ciceron a dit de l'assassinat de Cesar. Tous les bons protestans l'ont exploitée autant qu'il leur a été possible, & s'il n'y ont pas tous payé d'esprit, d'épée, ou de plume, ils l'ont fait à tout le moins de langue & de bonne volonté.

II. Pour l'approbation vous ne sauriez nier que vous ne l'aiez temoignée de la maniere la plus authentique, non seulement pas des prieres extraordinaires dans vos Temples devant & aprés la degradation de ce Prince, mais aussi par des feux de joie, par des Ambassades, par des panegyriques sans nombre

* Omnes boni quantum in ipsis fuit, Cæsarem occiderunt: aliis consilium, aliis occasio defuit: voluntas nemini. Cicero Philipp. 2.

bre & en toutes langues recitez avec le dernier apparat, & puis imprimez, & par un grand nombre d'autres Ecrits plus serieux & plus dogmatiques, sans qu'il se soit trouvé parmi vous aucun Auteur petit ou grand qui ait ou desaprouvé l'action, ou temoigné du moins qu'il ne la comparoit pas comme font les autres aux plus saintes entreprises de Moyse & de Josué. Je remarque ce dernier trait pour vous empêcher de me dire que l'on n'aprouve pas tout ce dequoi on remercie le bon Dieu avec de transports de joie. Je vous soutiens que vous en avez remercié Dieu comme d'un exploit tout à fait Evangelique.

On a pris occasion dans vos Universitez de traitter la These generale du pouvoir des Princes, & elles ont assisté en Corps à des Harangues où les peuples étoient

toient mis sans façon au dessus des Rois. C'est presque une decision doctorale des 3. Facultez. Nous en gardons ici toutes les pieces imprimées.

Il n'est pas jusques au Ministre Merlat qui n'ait voulu s'enroler parmi les Approbateurs publics de la Catastrophe, par un sermon recité devant tout le peuple de Lausanne, & puis imprimé. Il avoit neanmoins un interêt fort delicat à se taire, puis qu'il ne pouvoit parler comme il a fait, sans refuter lui même un écrit qu'il a publié sur le pouvoir absolu des Souverains, & sans reconnoitre pour justes les duretez & les indignitez que quelques uns de ses Confreres ont fait imprimer contre lui à l'occasion de ce livre. On dit même qu'il avoit souffert pour ce même livre un mal beaucoup plus réel, & c'est peut-être

tre ce qui lui a fait prendre le contrepied d'Heliodore. Cela fait voir que ce n'est plus parmi vous un sentiment qui puisse souffrir partage, que celui de la superiorité des peuples sur les Rois, & de la justiciabilité des Rois devant le Tribunal du peuple.

En III. lieu je n'ai pas besoin de vous prouver, aprés ce qui vient d'être dit, qu'ame qui vive parmi vous ne s'est recriée contre l'attentat des Anglois & des Ecossois.

En IV. lieu vous ne pouvez pas rejetter la faute sur les *Indépendans* de la maniere que Mr. Daillé l'entendoit, puis qu'il est notoire que les Presbyteriens ou seuls, ou avec la jonction des Episcopaux ont eu la direction totale de ce qui s'est fait. Il est vrai qu'en un autre sens les Presbyteriens peuvent être

être dits *Independans*, mais sous cette notion vous ne pouvez plus vous distinguer d'eux comme Mr. Daillé en distinguoit son Eglise, car nous savons fort bien que ceux qu'on apelle *Independans* n'ont point d'autres principes que vous, ni sur l'autorité de l'Eglise, ni sur celle des Rois. Ils ne sont pas moins prêts que vous à se soumettre à des reiglemens soit Ecclesiastiques soit civils, quand ils les trouveront justes, & dés que vous agirez avec la moindre sincerité vous conviendrez que vôtre doctrine ne conduit pas moins que la leur à former autant de sectes & de petites souverainetez dans un Etat que de familles ; de sorte qu'au lieu qu'ils se * plaignent que l'autorité qu'on donne à l'Eglise est une usurpation de l'autorité des Souverains, & un Etat dans l'Etat, *imperium in impe-*

* *Voiez le livre de Loüis du Moulin intitulé Parænesis ad Ædificatores Imperii in Imperio, imprimé à Landres en 1656. & dedié à Cromwel.*

imperio, nous vous pouvons dire aux uns & aux autres qu'entant qu'en vous est, ous formez cent mille Etats dans l'Etat, ou pour mieux dire que vous les detruisez tous. Ce n'est pas moi qui vous juge & qui vous condamne de la sorte, c'est le Ministre Daillé lui-même dans l'arrêt qu'il a prononcé contre les Independans; c'est Saumaise * grand Calviniste d'ailleurs, dans le Livre dont ce Ministre a fait honneur à vôtre parti.

V. Enfin vous n'oseriez plus vous rendre caution de la doctrine des Anglois sur le pied de M. Daillé. Il est trop évident qu'il en parloit sans procuration, & qu'ils l'ont démenti à la face de toute l'Europe. Il le meritoit bien, car si l'on veut qu'il ait répon-

* *Quam boni & exoptandi sint cives & incolæ hujusmodi homines, viderint regna & respublicæ quæ nisi eos finibus suis exterminare omni modo laborent, ultimum exilium ab his sibi esse metuendum sciant. Volumen ingens esset condendum enumerare volentibus quæ hydris pullulet & scatet ista excetra.* Salmasius def. regia p. 376. edit in 12°.

répondu de bonne foi à l'objection de son Adversaire, on ne peut du moins nier qu'il n'ait répondu en homme fort mal instruit.

Quoi! un homme qui se glorifie de l'ouvrage de Saumaise viendra charger de la mort tragique du Roi Charles la seule secte des Independans, & n'aura point lu dans ce même livre, que ce furent les Presbiteriens qui commencerent la guerre contre ce Monarque, qui se rendirent Maitres de sa personne, & qui l'aiant tenu en prison autant qu'ils le jugerent à propos, le livrerent aux Independans. Il n'y aura point lû *que les * Presbyteriens avoient poussé cette*

* *Ad quartum actum & ultra in dramate hoc desultando frigultientes Presbyteriani spectati sunt. Solum quintum & ultimum actum sibi perficiendum sumpserunt independentiæ histriones, prioribus explosis, & exsibilatis actoribus. Hi fortasse an non adeo feralem & tragicam catastrophen fabulæ imposuissent. Ut tamen cæpta erat agi non alium quam atrocem & regi funestum sortiri exitum potuit . . . . . . Drama quippe illi integrum composuere, quod ut congruente initiis & mediis Clausula finiretur, non aliam habere potuit quam quæ regem si non vita & regno depulsum saltem omni autoritate & potestate regali destitutum exhiberet. . . . Si latro viatorem &c. Id. Salmasius. p. 353.*

te Tragedie jusqu'au 4. acte & au delà, & que les Independans n'ont eu que le 5. à achever aprés avoir chassé de la scene les premiers Acteurs ; que ceux ci n'auroient pas donné peut être une si barbare catastrophe à la piece, mais que neanmoins les commencemens en avoient été de telle nature, que la moins funeste conclusion que l'on en pouvoit attendre pour le Roi, étoit qu'il seroit privé de toute l'autorité Roiale ; qu'il n'y a point donc de gens qui meritent mieux d'être accusez de la mort du Roi, que ceux qui ont preparé le chemin au parricide : ce que Mr. de Saumaise prouve par l'exemple d'un voiageur qu'une bête Sauvage devoreroit aprés qu'un voleur lui aiant ôté sa bourse, son épée & ses habits, l'auroit attaché à un arbre. Il soutient qu'en ce cas là le voleur auroit plus de part à la mort de ce mi-
sera-

ſerable, que la bête même qui l'auroit devoré, *mutatis nominibus*, pourſuit-il, *hæc fabula Presbyterianis convenit, quoniam res eadem eſt.* Ailleurs * il dit en propres termes *que les Presbyteriens ont fourni la hache qui a coupé la tête au Roi, qu'ils ont amené la victime liée, & que les Independans l'ont égorgée.*

Pour ce qui eſt de la difference que Mr. Daillé a miſe entre ceux qui ont fait mourir le Roi d'Angleterre, & ceux qui ont rapellé ſon fils, je lui repons qu'elle peut bien être de perſonne à perſonne, mais non pas de ſecte à ſecte, c'eſt à dire qu'on lui accordera tant qu'il voudra que les mêmes perſonnes qui eurent la principale part à la ruine du Pere, n'ont pas été les Chefs des intrigues qui ont rétabli le fils, mais qu'il eſt néanmoins vrai que la même Religion qui avoit per-

* Sic ſecurim porrexerunt quæ regis cervicibus impacta eſt. Dici itaque verè poteſt victimam Presbyterianos ligaſſe, Independentes jugulaſſe. Id. ib. p. 375.

fecuté le Pere, & obei tres fidelement à l'Ufurpateur reconnut en fuite le fils pour fon legitime maitre. Souvenez vous Monfieur, que c'eft aux Presbyteriens que vous attribuez le rétabliffement de Charles II. & non pas aux Epifcopaux qui étoient les feuls qui n'avoient point contribué au renverfement de la Monarchie. *Tout le monde fait* (dit * l'Auteur de l'Efprit de Mr. Arnaud) *que les Presbyteriens ont rétabli le Roi d'Angleterre*, il ajoute peu apres avec fon refpect ordinaire pour les Monarques, que les Presbyteriens étoient fort chagrins contre la Cour, *fe voiant paiez d'une fi noire ingratitude de la part de la Maifon des Stuarts qu'ils avoient rétablie fur le trône.* Souvenez vous auffi que la fecte des Independans ne fe foumit pas moins que la Presbyterienne au Roi

* To. 2. p. 294. & 318.

Roi Charles II. & qu'enfin ces serviteurs qui par leurs fidelles adresses lui ont ouvert l'entrée dans ses Isles, avoient été pour * la plûpart les Creatures de Cromwel, & ne parurent disposez à servir le Prince que lors que la faction de ce Tyran mal soutenuë aprés sa mort les fit juger qu'ils trouveroient mieux leur compte dans le rétablissement d'un Prince qui leur en auroit toute l'obligation. Lokard Gouverneur de Dunkerque l'un des plus fidelles serviteurs de Cromwel, ne vit pas plûtôt que le parti chancelloit, qu'il prit ses mesures pour se joindre du côté des plus forts, durant même son Ambassade en France pour la Republique d'Angleterre. Il n'en faisoit pas un mystere, puisqu'il se disoit * à S. Jean de Luz l'Am-

* Le General Monck qui fut la principale cause du rétablissement de la famille Roiale, s'étoit toûjours bien maintenu auprés de Cromwel, & avoit eu sous lui des commandemens importans.

* Voiez le discours qui est à la fin de l'Histoire des troubles de la grand Bretagne par Salmonet, imprimée à Paris en 1661.

l'Ambassadeur du parti qui prevaudroit, & le tres-humble serviteur des évenemens. Souvenez vous, dis-je, de toutes ces choses, & vous trouverez que vôtre Ministre se tire tres-mal d'affaire dans le 5. article de sa reponse au reproche du Sieur Cottiby. Sans compter le tort qu'il vous fait en convenant que les principes des Independans tendent à ruïner de fond en comble les Etats & les Empires, ce qui ne peut-être vrai qu'à cause qu'ils soumettent toutes les puissances à la Souveraineté du peuple, comme vous le faites tous presentement.

Je vous reïtere encore ici mes protestations : je ne represente pas ces choses afin de vous rendre odieux à nos Princes, Dieu m'en est témoin, mais plûtôt afin de vous faire lever l'obstacle que pourroit aporter à vôtre rétablissement vôtre abandon aux maximes

mes Presbyteriennes. Je souhaite passionnement de vous faire revenir de là, afin que vos persécuteurs n'aient pas des argumens invincibles à opposer à ceux qui parlent pour vous, s'imaginant que vôtre rapel pourra rétablir bien des choses dans le Roiaume. Ainsi plus je vous parle fortement, plus vous me devez avoir d'obligation. Ne trouvez donc pas mauvais que je m'attache à vous faire voir les monstrueuses & furieuses suittes de vôtre dogme: je ne saurois mieux le faire qu'en reprenant la pensée d'où je me suis écarté. Il est question de savoir si c'est tout le peuple, ou chaque personne particuliere qui peut selon vos principes desobeir aux Monarques. Je soutiens que c'est chaque personne particuliere, car outre ce que je vous ai déja dit, en consequence de vos pretensions pour le plus petit nombre des suffrages contre le plus grand, voici une chose à laquelle je vous prie de faire attention.

Le principal motif qui vous porte à enseigner que la Souveraineté vient des peuples, & qu'ils ne s'en dessaisissent jamais qu'à faculté de rachat, ou plûtôt qu'ils la conferent toûjours comme un * fief mouvant de leur Couronne à la charge de reversion, est que vous croyez justifier aisement par cette hypothese les guerres civiles, & la destitution des Rois. Or prenez garde Monsieur, que s'il n'y avoit que toute la multitude du peuple qui eust droit d'inspection, & d'examen sur la conduitte du Prince, & sur celle de ses Creatures, s'il faloit que chaque personne particuliere se soumît aux volontez de la Cour,
lors

* Au Traitté du droit des Magistrats dont il sera parlé cy dessous, il est dit p. 52 que puis que les Royaumes & Empires mêmes sont fiefs devans hommages & service à la souveraineté, ... Un Roi

lors même qu'il les trouveroit injustes, il ne seroit jamais possible de remedier aux desordres du Gouvernement que par la rebellion d'une infinité de particuliers, ce qui rendroit vôtre hypothese tout à fait absurde.

En effet les preparatifs pour changer le Gouvernement & pour renverser les trônes, ne peuvent se faire que par des particuliers : ce sont toûjours des particuliers qui commencent à étre mécontens, à craindre pour l'avenir, à communiquer leurs inquietudes à d'autres, à concerter avec eux les moiens de mettre les affaires sur un bon pied. On menage des intelligences sourdes par toutes les Provinces, on s'asseure peu à peu de quelques Ecclesiastiques fort accreditez dans leur Canton, & de quelques Officiers de l'armée. En un mot ces gran-

ou mêmes un Empereur relevant de la Souveraineté, commettant felonie contre ses Vassaux, asavoir ses sujets, perd son fief, non pour étre adjugé aux Vassaux, mais pour y étre pourveu par ceux qui representent la Souveraineté.

grandes revolutions qui semblent être l'ouvrage de tout un Peuple, quand elles s'executent un peu regulierement, ne sont en effet que l'ouvrage d'un petit nombre de personnes qui de leur propre autorité, & sans aucun ordre de la Nation, ont mis tous les ressorts en état d'agir au premier signal. Répondez moi, Monsieur, l'entreprise de ces particuliers là est-elle bonne, ou mauvaise? Si elle est mauvaise c'est parce qu'il n'y a que tout le Corps de la Nation, j'entens ceux qui le representent avec commission speciale, qui puissent songer sans crime à changer le Gouvernement ; d'où il s'ensuit que jamais on ne le pourroit changer sans crime, car les Assemblées representatives de tout le peuple ne se forment jamais pour de tels desseins, sans qu'il y ait eu plusieurs personnes qui s'en s'en sont déja melées, ce qui seroit tres criminel, & rendroi par consequent vos principes nuls & abusifs, à moins que vous n'accordiez aux particuliers le droit de contradiction. Si l'entreprise est bonne, il est donc permis à chaque particulier d'examiner le Gouvernement, & en cas qu'il y aperçoive des semences de tirannie, d'y chercher des remedes avec d'autres particuliers, & de preparer la mine pour faire sauter en temps & lieu le Prince de dessus le trône.

Ceci est fort bien lié avec vôtre dogme de la Souveraineté du peuple, & se prouve merveilleusement par cét autre dogme de vos Reformateurs, que chaque particulier a une vocation naturelle pour les fonctions pastorales, quand il s'agit des besoins pressans de l'Eglise.

Je vous avertis, Monsieur, que quand je parle ici des particuliers, j'entens non seulement ceux qui n'ont aucune charge dans l'Etat, mais aussi ceux qui en exercent quelqu'une ou dans la Robe ou dans les armées, car pendant qu'un Conseiller, qu'un President, qu'un Maitre des Requêtes, qu'un Maréchal de France n'agissent point par commission ou du Roi, ou du Parlement, ou des Etats Generaux, leurs actions quelles qu'elles soient ne peuvent être censées que des actions de particuliers. En Angleterre même où vous dites que le Parlement partage le pouvoir Souverain avec le Roi en certaines choses, il n'y a nul Membre soit de la Chambre Haute, soit de la Chambre des Communes, qui étant consideré à part ne soit un particulier dont les sentimens,

les

les actions & les paroles sont entierement destituées du caractere de Superieur, non seulement lors que les seances du Parlement sont prorogées, mais aussi en pleine seance, car dans le moment qu'un des Pairs, ou des Deputez opine, son suffrage n'est d'aucune force, il n'y a que l'approbation du plus grand nombre qui confere de l'autorité à un avis.

Ainsi vôtre Junius Brutus explique les consequences de vôtre dogme tout comme moi, quand il dit, que lors qu'un Prince d'ailleurs legitime est censé convaincu du crime de tyrannie pour n'avoir pas deferé aux avis qui lui avoient été donnez, on peut & on doit le chasser, ou par la voie de la justice, ou par la voie des armes, mais que neanmoins les particuliers sont * tenus d'attendre le com-

* Page 237. de la version Françoise du Traitté de Junius Brutus, imprimée en 1581. in 8.

mandement de tous, c'est à dire de ceux qui representent tout le corps du peuple en un Roiaume, Province ou Ville, ou pour le moins de l'un de ceux là, avant que de rien entreprendre contre le Prince. En sorte que si tous les * principaux Officiers, ou plusieurs, ou l'un d'iceux se met en effort de reprimer une tirannie manifeste, ou qu'un Magistrat tâche de la chasser loin de la Province ou portion du Roiaume laquelle est en sa charge, & que ce Magistrat sous ce pretexte n'ameine point quelque autre tirannie nouvelle en avant, alors il faut que tous en troupe, & à qui mieux mieux se joignent pour prendre les armes, & qu'ils assistent de leurs biens & personnes, comme si Dieu avoit denoncé du ciel qu'il veut donner bataille aux tyrans, & qu'ils s'éssaient de delivrer l'Etat public & le Roiaume de la tirannie qui l'opresse. C'est

p. 239.

C'est manifestement autoriser le plus petit siege de judicature, le plus petit Baron ou Lord d'un Roiaume à lever l'étendard de la rebellion. C'est manifestement pretendre que tous les Bourgeois d'une ville, tous les païsans d'une contrée sont obligez de s'armer contre le Prince, pourveu qu'en cela ils suivent les ordres d'un Juge de paix, d'un Maire, d'un Echevin, ou du Seigneur de la paroisse. Or comme je comprens ces sortes de gens sous le titre de particuliers quand ils agissent de leur propre mouvement, il s'ensuit que Junius Brutus & moi ne faisons que dire la même chose.

J'ajoute en confirmation ces 2. remarques: l'une est ce qu'il dit pag. 242. que les Officiers du Roiaume qui peuvent juger selon les loix un tiran d'exercice, ce, & qui sont obligez de lui courir sus avec les armes s'ils ne peuvent autrement le reprimer, sont de deux sortes. Les uns comme le Connetable, les Marechaux, les Pairs, & autres tels, ont en charge tout le Roiaume universellement ; les autres comme les Ducs, Marquis, Comtes, Consuls, Maires, &c. gouvernent quelque Province ou portion de païs du Roiaume. Quant aux premiers il asseure qu'ils sont tenus chacun à part soi (quand tous les autres dissimuleroient ou tiendroient mêmes le parti de la tirannie) de reprimer le tiran, & pour les seconds, qu'ils peuvent selon leur droit repousser la tirannie & le tiran arriere de leurs villes & gouvernemens. Il n'y a personne qui ne voie que sous son *& cætera* on peut enfermer le plus petit Maire de village. Il faut pourtant convenir que pour ceux qui n'ont n'ont nulle charge dans l'Etat, & qui bien souvent ont plus d'interêt à la conservation, que plusieurs autres qui sont dans la Magistrature, il ne leur fournit d'autre remede que la patience (ce qui est absurde comme je vous le montrerai bien-tôt) si ce n'est en ces 2. cas, l'un quand ils se sentent inspirez de Dieu pour travailler à la delivrance de son Eglise, ou à celle du peuple; l'autre quand il s'agit d'exterminer *ceux qui* * *abusans de la betise & nonchalance du Prince legitime exercent tirannie sur les sujets d'icelui.* Tels êtoient selon vos Ancetres Mrs. de Guise, de sorte que Junius Brutus les exposoit au couteau du premier venu.

Ma 2. confirmation est tirée d'un Ecrit (a) publié par les Protestans de Magdebourg l'an 1550. On y considere 3. sortes de

* Pag. 242.

a L'Edition dont je me sers est en François imprimée en 1578. le titre est du Droit des Magistrats sur leurs sujets.

de sujets, les uns sont personnes du tout privées, & sans aucune charge d'Etat; d'autres sont magistrats subalternes; les troisiémes sont destinez à servir de bride au Souverain, comme par exemple les Etats Generaux. Ceux du 1. ordre doivent tout souffrir, mais ceux du second, qui sont les Ducs, Marquis, Comtes, Vicomtes, Barons, Chatellains, & les Officiers électifs des Villes, comme les Maires, Viguiers, Consuls, Capitoux, Sindiques, Echevins & autres semblables, sont tenus (mêmes par armes si faire se peut) de pourvoir contre une tirannie toute manifeste, à la salvation de ceux qu'ils ont en charge, jusques à ce que par commune deliberation des Etats, ou de ceux qui portent les loix du Roiaume ou Empire dont il s'agit, il puisse être pourveu au public plus avant & ainsi qu'il appartient.

Aprés

Aprés la declaration que j'ai faite du sens que je donne au mot de particuliers, je ne dois pas craindre qu'on me chicanne sur les consequences que j'attribuë à vos principes, puis que j'ai montré qu'elles sont avoüées de vos Auteurs. Mais je puis encore aller plus avant, & vous soutenir que vos principes ne prouvent rien, ou qu'ils prouvent que même les personnes privées peuvent s'eriger en chefs de parti contre le Gouvernement.

Ma grande & capitale raison est que si la Souveraineté émane du peuple de la maniere que vous le pretendez, il s'ensuit que les Monarques ne sont que les premiers Officiers du peuple, & que tous les Magistrats subalternes, ne sont que les Officiers inferieurs. Or si à cause que les Rois ne sont que les premiers Officiers du peuple, ils lui sont

sont comptables de leur administration, les Magistrats subalternes le sont encore d'avantage, puis qu'ils ne sont que ses Officiers d'un plus bas degré, & rien ne sauroit être plus bizarre, ni plus extravagant que de soutenir qu'à la verité les peuples retiennent le droit d'examiner ce que font les Rois, & de s'opposer à leurs ordres quand il le faut, mais qu'ils doivent suivre aveuglement les volontez des Magistrats subalternes. On ne seroit pas plus ridicule si après avoir souftrait les particuliers à la jurisdiction des Conciles Oecumeniques en matiere de Religion, on leur demandoit une obeïssance aveugle pour les decisions d'un petit Synode Provincial, ou d'un simple Consistoire. Il faut donc ou ne donner pas au peuple le pouvoir de critiquer à coups d'épée les ordres

dres d'un Roi, ou lui en donner un tout semblable à l'égard des Comtes & des Marquis, des Echevins & des Maires : autrement qui donneroit le plus ôteroit le moins par la plus étourdie & la plus folle conduite qui se puisse imaginer. C'est pourquoi si vous voulez que vos dogmes se soutiennent il faut que les Grands Officiers de la Couronne veillent sur la conduite des Rois, que les Magistrats inferieurs veillent sur la conduite des Grands Officiers de la Couronne, & que ceux qui n'ont nulle charge veillent sur la conduite des Magistrats. Vous ne sauriez remedier sans cela aux inconveniens que vous voulez fuir, car il vous faudroit prendre les armes toutes les fois que les Magistrats l'ordonneroient, & il ne les faudroit jamais prendre que lors qu'ils l'ordonneroient.

N'est

N'eſt ce point ſe condamner ſoi même aux plus grands perils ſous des Magiſtrats temeraires? Mais d'ailleurs que deviendroit le peuple ſous des tirans qui auroient l'adreſſe de s'aquerir tous ceux qui ſeroient élevés aux Magiſtratures, & de les engager par leur interét perſonel à ſe tenir en repos? Sa Souveraineté ne ſeroit t'elle pas alors d'un grand uſage? Et ne faut-il pas avoüer que pour la mettre à profit il faut neceſſairement que le peuple ait la faculté. 1. d'établir des Inſpecteurs qui empêchent que rien ne ſe faſſe contre les loix & contre ſes Privileges. 2. De voir ſi ces Inſpecteurs s'aquittent fidellement de leur emploi?

Qui n'admirera cette providence qui confond l'orgueil des pretendus ſages du monde dans leurs faux raiſonnemens, quand

il verra que ces grands declama-
teurs pour la liberté des peuples,
& contre les Monarchies, nous
declarent que les oppressions les
plus affreuses doivent être su-
portées patiemment, pourveu
qu'il plaise à ceux qui sont dans
les charges de ne dire mot, eux
qui ne sont rien pour le nombre
en comparaison du reste de la
Nation ; comme si des Avocats
& bien d'autres habitans des villes, superieurs fort souvent en
toutes choses à 3. ou 4. Echevins, en naissance, en richesses,
en probité, en savoir, ne pouvoient pas aussi raisonnablement
soulever la populace malgré ces
Echevins, que se soulever avec
eux malgré toute la Province ?
Je vous ai déja montré que Junius Brutus enseigne que pourveu qu'il y ait un Magistrat dans
un Roiaume qui fasse sonner le
tocsin contre un Roi tiran, les
par-

particuliers sont tenus de prendre les armes.

Je puis emploier contre lui ses propres comparaisons. Il dit dans la page 236. que comme *il n'y a si petit matelot qui ne soit tenu de mettre la main à la besogne pour empêcher le naufrage du vaisseau qui est prêt à se perdre par la faute ou nonchalance du pilote*, de même *chaque Magistrat est tenu de secourir l'Etat s'il le voit proche de sa ruïne par la fetardise ou mechanceté du Prince & de ses Associez*, bref qu'il *doit garentir ou tout le Roiaume ou la portion qu'il a en charge de la tyrannie qui s'en veut emparer*. Mais neanmoins, poursuit-il, *cela n'est point loisible au premier venu & à quelque homme de nulle autorité*. Peut-on rien dire de plus pitoiable que cette limitation ? J'en prens à témoin vos Ministres qui se sont tant

tant servis de cette idée pour autoriser les Reformateurs Laïques ; qu'ils nous disent un peu s'il faut être gradué, ou avoir quelque entrée dans la Clericature afin de s'employer legitimement à la conservation de l'Eglise prête à perir, ils répondront tous que non, & nous renverront à l'exemple du plus chetif Matelot, Soldat ou soüillon d'un navire menacé de naufrage. Et en effet ou cette comparaison ne prouve rien, ou elle prouve que le plus chetif sujet a une vocation naturelle pour s'opposer à la tyrannie lors que les Magistrats ne le font pas.

Autre comparaison. *Les particuliers tout ainsi que pupilles sont sous la charge des principaux Officiers & Magistrats ... Tout ainsi donc qu'un pupille ne peut intenter action sans l'autorité de son*

* *Junius Brutus* p. 236. 237.

tuteur, encore que le pupille soit vraiement Seigneur, au cas semblable le peuple ne peut rien entreprendre sinon sous l'autorité de ceux ausquels il a baillé sa puissance & autorité: soit Magistrats ordinaires, ou extraordinairement créez en l'Assemblée des Etats. Mais on peut ruïner cette comparaison de fond en comble, tant parce que sur des plaintes raisonnables on fait fort bien casser les Tuteurs, que parce qu'il y a une difference essentielle entre le peuple & les pupilles. Ceux-ci sont mis sous la direction de leurs tuteurs par une autorité étrangere à laquelle ils peuvent avoir recours en cas de besoin, & ont une incapacité physique de faire des actes civilement valides avant un certain âge: mais selon vos hypotheses, c'est le peuple qui crée lui-même ses tuteurs, & qui leur confere tout
ce

ce qu'ils ont d'autorité : c'eſt dans le peuple que reſide la puiſſance ſouveraine ; & nous convenons tous que les Souverains ne recourent qu'à eux-mêmes pour tirer raiſon du tort qui leur peut avoir été fait, & que le peuple ne peut jamais par le defaut d'âge être incapable d'agir avec toute la validité requiſe dans le cours des choſes humaines. Il n'y a donc point de tems où le peuple ne puiſſe chatier ſes tuteurs, c'eſt à dire ſes Magiſtrats quels qu'ils ſoient, ſi la neceſſité le demande. C'eſt donc tres inconſequemment que l'on ôte à ceux qui ne ſont point élevez aux Magiſtratures le droit de remedier aux deſordres du Gouvernement, & de s'eriger pour cela en chefs de parti.

Je ne veux point d'autre juge de cette verité que Junius Brutus lui-même, car aprés avoir éta-

établi dans la page 223. que les Rois ont été établis principaux tuteurs du peuple, & que *les Electeurs, Palatins, Pairs, & autres Officiers notables sont ordonnez afin d'avoir l'œil sur le Roi, & empêcher qu'il n'entreprenne rien au dommage du peuple*; il dit tout net dans la pa. 225. ⁎ *s'il y a de la collusion entre eux & lui ce sont prevaricateurs: s'ils dissimulent, il les faut apeller traitres & deserteurs: s'ils ne garantissent l'Etat de toute tyrannie, on les doit mettre eux-mêmes au roolle des tirans.* Or pourquoi n'auroit on sur les Officiers inferieurs, en cas de semblable prevarication autant de droit, que sur les Pairs du Roiaume? Les

* Dans la p. 127. il dit encore plus fortement que si les Officiers de la Couronne s'entendent avec le Prince, cela n'ote rien à la liberté du peuple, qu'ils font alors comme un Avocat qui vend à la partie adverse le droit de celui pour qui il plaide, que tels grands encourent la punition que la loi decerne contre les Prevaricateurs, quant au peuple la loi lui permet de choisir un autre Avocat & de nouveau de poursuivre son droit.

Les Protestans de Magdebourg accordent aux personnes privées le droit *de * sommer les Magistrats subalternes de leur devoir.* Pag. 54. A quoi bon cela, si l'on n'y ajoute le droit de se faire justice à soi-même quand toutes les sommations ne produisent aucun fruit ? Remarquez, je vous prie, que selon même les maximes des Ecrivains les plus seditieux, il n'y a point de Gouvernement où les simples particuliers qui entreprennent d'exhorter les Magistrats subalternes à s'opposer aux ordres justes du Souverain, ne se rendent coupables de sedition. Il faut donc que l'on m'accorde que les sommations qu'on permet ici seroient criminelles, si les circonstances du temps, je veux dire la notorieté de la tyrannie, ne les justifioient. D'où je conclus que les mêmes circonstances justi-
fie-

fieront hautement les simples particuliers, si voiant l'inutilité de leurs remonstrances ils font soulever le peuple. Quel droit ont-ils plutôt sur une premiere demarche qui est pour l'ordinaire seditieuse, que sur une seconde de même categorie ? Qu'on tache donc tant qu'on voudra d'éluder la difficulté, il est seur que vos méchans dogmes conferent necessairement au moindre particulier le droit d'exciter une sedition.

Cela est si aisé à comprendre qu'il n'y a gueres lieu de douter que Junius Brutus, & les Protestans de Magdebourg ne l'aient veu aussi bien que moi : mais la juste crainte de gater leur cause dans l'esprit même des Lecteurs les plus turbulens, les a contraints de nier cette monstrüeuse consequéce de leur principe.

cipe. Dieu soit loüé de ce qu'au moins ils en ont si bien connu les horreurs, qu'ils ont mieux aimé nous soumettre aux dures loix de la patience, qu'à une telle liberté. *Si les sujets,* * *di-sent-ils, sont grevez de tributs & d'impots deraisonnables, si on les traitte tout autrement qu'on n'a promis, & nul des Magistrats ne s'y oppose, ils doivent demeurer cois & penser que souvente fois les plus sages Medecins pour prevenir ou guerir une forte maladie commandent la saignée, une purgation, ou quelque scarification, & que les affaires de ce monde vont de telle sorte, qu'à peine un mal se peut guerir sans un autre mal, & ne sauroit on obtenir un bien qu'avec fort grand travail... Si les Magistrats mêmes favorisent à la tirannie ou ne s'y opposent pas formellement, que les particuliers se ramentoivent ce qui*

* *Jun. Brutus pag.* 237. 238. 239.

est

est dit au 34. Chapitre de Job, qu'à cause des pechez du peuple Dieu permet que les hypocrites regnent, lesquels il n'est possible de ranger ni renverser si les particuliers ne se repentent de leurs fautes pour cheminer en l'obeïssance de Dieu, tellement qu'il ne faut aporter autre chose que les genoux ploiez & un cœur humilié. Bref qu'ils suportent les mauvais Princes, qu'ils en souhaitent de meilleurs, estimans qu'il faut suporter la tyrannie aussi patiemment que l'on suporteroit le dommage d'une gresle, d'une ravine d'eaux, d'une tempête, ou de tels autres accidens naturels, s'ils n'aiment mieux changer de pays, comme David s'est retiré aux montagnes & n'a rien attenté contre le tyran Saul, pour ce qu'il n'étoit pas l'un des Gouverneurs declarez du peuple, & conformement à S. Paul qui traitant du devoir d'un chacun

cun Chrêtien & non point des Magistrats, enseigne qu'il faut obeïr à Neron. Si les (a) particuliers ne sont autorisez ou par Magistrats inferieurs, ou par la plus saine partie des Etats, ils n'ont autre remede que repentance & patience avec les prieres lesquelles Dieu ne meprisera jamais, & sans lesquelles tout autre remede quelque legitime qu'il soit, est en danger d'être maudit de Dieu. De plus l'obligation * qui a été contractée par consentement commun & public ne peut-être rompuë & mise à neant à l'appetit de un particulier, nonobstant que le Prince abuse de son droit : joint que faisant autrement INFINIS TROUBLES S'ENSUIVROIENT PIRES QUE LA TYRANNIE MEME, ET SURVIENDROIENT MILLE TIRANS SOUS UMBRE D'EN VOULOIR EMPÉCHER UN.

a Traitté du droit des Magistrats publié par ceux de Magdebourg pag. 53. & 54.

* Ibid. pag. 17.

Outre cela il y a une raison de plus grand pois que tout ce qu'on pourroit alleguer au contraire, a savoir l'autorité de la parole de Dieu toute claire, car S. Paul parlant du devoir des particuliers, non-seulement defend de resister au Magistrat souverain ou inferieur, mais aussi commande de lui obeïr à cause de la conscience.

Dieu soit loüé encore un coup, de ce que vos Ecrivains du dernier siecle, ayant connu les funestes suittes de leur dogme, non-seulement en ont rejetté une partie, mais aussi l'ont rejettée de telle facon, qu'ils ont donné gloire à la verité sans y penser, & fourni des armes pour se faire batre. C'est ce qui paroitra par 5. petites observations que je m'en vais faire.

I. C'est déja beaucoup qu'ils reconnoissent (& cela comme une

une forte raison d'ôter aux particuliers le droit de mutinerie) que si chaque particulier pouvoit desobeïr à un Prince violent, on tomberoit dans des confusions pires que la tirannie même, & on se livreroit à la discretion de mille tirans sous pretexte d'en chasser un. L'experience l'a toûjours montré. Le peuple est toûjours la dupe de ses pretendus Liberateurs ; il chicane ses Princes legitimes sur les moindres infractions de ses Privileges, & il permet que ceux qui lui viennent promettre de les proteger (car * c'est toûjours le pretexte des usurpateurs) renversent en peu de temps plus de loix fondamentales, que les pretendus tirans n'en eussent ébranlé dans toute leur vie. Il crie à l'oppression pour des charges assez suportables : mais a t'on mis sur le trô-

* *Libertas & speciosa nomina prætexuntur, nec quisquam alienum servitium & dominationem sibi concupivit, ut non eadem ista vocabula usurparet.* Tacite Hist. l. 4. c. 73.

trône quelque grand chef de parti, il faut bon gré malgré qu'on en ait lui passer les expediens les plus onereux qu'il trouve necessaires pour se maintenir. On l'a vû en Angleterre sous Cromwel, par une juste punition de l'audace qu'on avoit conceuë contre un trop bon Roi, & en execution de l'Arrêt qu'un sage Payen a mis dans la bouche du plus grand des Dieux sur une semblable affaire.

* Phedre fable 3. l. I.
*Quia noluistis vestrum * ferre, inquit, bonum,*
Malum perferte.

Sentence aussi juste, que celcy est veritable.

a Id. fab. 16. l. I.
In principatu (a) commutando, sæpius
Nil præter domini nomen mutant pauperes.

II. Mais

II. Mais si ce que vos Ecrivains reconnoissent dans ma 1. remarque est quelque chose, que dirons nous de ce qu'ils reconnoissent outre cela, qu'on ne doit opposer à la tyrannie qu'une Sainte & Chrêtienne resignation, ou qu'un exil volontaire, lorsque les Magistrats se tiennent cois ? car visiblement c'est enseigner qu'on se doit soumettre avec la derniere patience aux volontez des plus petits Magistrats. On ne leur en demande pas d'avantage pour les Rois : & seroit-il bien possible qu'on crut que le caractere de Roi pour lequel les Nations Barbares ont eu la derniere veneration, (a) que les Payens mêmes ont pris pour un établissement immediat de Dieu, que la prerogative de l'antiquité * rend di-

a Voiez en les preuves dans les Auteurs citez par Grotius de jure belli & pacis l. I. c. 3. & 4. & par Bochart lett. à Mr. Morley. Voyez aussi la dissertation de Boeclerus de auspicio Regio.
* Principio rerum, gentium nationumque imperium penes non am-provehebat.

REGES erat, quos ad fastigium hujus Majestatis ambitio popularis, sed spectata inter bonos moderatio provehebat. Populus nullis legibus tenebatur, arbitria principum pro legibus erant. Justin. l. I. ch. I.

digne de toute sorte de respect, que l'Ecriture * nous propose comme sacré & inviolable par l'onction celeste, enfin que les plus grands ennemis des Monarchies, regardent comme la plus éminente Magistrature du peuple, seroit-il bien possible, dis-je, qu'on crut qu'un caractere aussi auguste par tant de raisons que celui-là, ne merite pas les mêmes égards, que l'on nous demande pour les Magistrats Subalternes ? Ce n'est pas pour ceux-cy, c'est pour les Princes Souverains qu'ont été dites les paroles que Junius Brutus ne peut raporter qu'à sa confusion, savoir qu'il faut prendre (a) patience à leur égard, comme pour le dommage d'une grele, ou d'une ravine

* *Voiez en les preuves dans la susdite lettre de Bochart.*

a *Bonos imperatores voto expetere, qualescunque tolerare... quomodo sterilitatem aut nimios imbres & cætera naturæ mala ita luxum, vel avaritiam dominantium tolerate. Vitia erunt donec homines, sed neque hæc continua, & meliorum interventu pensantur.* Tacite Histor. l. 4. c. 8. & 74.

ne d'eaux. En general toutes ses moralitez & son passage de Job, doivent avoir infiniment plus de relation à la tolerance des mauvais Princes, qu'à celle de la connivence des Magistrats inferieurs & tres-asseurement il ne savoit ce qu'il disoit en cet endroit-là.

En III. lieu dans quel embarras ces Auteurs ne jettent-ils pas le peuple, & ne se jettent ils pas eux-mêmes? Ils veulent qu'il ne puisse travailler à sa delivrance, quelque tiraniquement qu'il soit opprimé, que sous les auspices & à l'instigation des Magistrats, mais que si les Magistrats l'exhortent à secoüer le joug, il soit obligé de le faire. Qu'on me dise donc de quel droit un simple particulier qui verra le Roi, le chef de tous les Magistrats, & de tous les tuteurs du peuple (je parle
se-

selon vos principes) commander une chose, & un Echevin, ou tel autre Magistrat & tuteur de bas étage la defendre, preferera l'ordre du plus petit, au commandement du plus grand ? N'est-ce point ruïner toutes les loix de la subordination ? N'est ce pas raporter le devoir de l'obeïssance directement au Magistrat inferieur, & seulement par accident au Chef de la Republique; de sorte que vous n'obeïssez plus au Souverain à cause de l'Eminence & de la Majesté de son rang, mais à cause que vous ne sauriez lui desobeïr, sans vous élever au dessus des Magistrats subalternes. C'est là l'analyse de vôtre soumission; je dois obeïr au Roi, parce qu'ils lui obeïssent, & pourveu qu'ils lui obeïssent. Mais encore quels sont ces Magistrats subalternes sur qui on se doit regler ?

gler? La preference doit elle être distribuée selon leurs rangs, ou selon le voisinage, ou selon la droiture de leur conduite? Si c'est selon les rangs, que deviendra t'on lors que les Ministres d'Etat, & ceux qui possedent les premieres charges du Roiaume, sont de l'avis du Roi, comme il arrive presque toûjours? Et que deviendra le systeme de ces Ecrivains, où l'on permet à chacun des Magistrats de repousser la tirannie dans la portion de païs qui lui est baillée en garde, & à chaque particulier de se mutiner, pourveu qu'en cela il suive les ordres d'un Magistrat? Si c'est selon le voisinage, il faudra donc qu'une seule ville se souleve quand ce sera le bon plaisir de ses Echevins, quel que soit d'ailleurs le sentiment des Magistrats des autres villes; ce qui n'est pas moins

moins absurde que si l'on permettoit à un Bourgeois de se soulever, quand nul de ses concitoiens n'en est d'avis. Ce sera donc selon la raison? Mais comment trouver qui a raison? La Politique avec toutes ses discussions morales, metaphysiques, & historiques est elle si aisée à debrouiller que tous les particuliers soient capables de connoître qui a tort ou non dans une guerre civile ? Est-ce un principe de la lumiere naturelle qu'en toutes sortes de circonstances un Prince qui crée de nouveaux impots, & qui casse certaines loix, fait plus de mal que de bien à son Roiaume? Combien y a t-il au contraire de Roiaumes qui seroient peris sous des Princes doux & grands observateurs des vieilles coutumes?

Assurez vous, Monsieur, que

que le peuple n'eſt pas plus en état de juger par des idées abſtraires de politique, & par la comparaiſon des manifeſtes, qui a tort, ou qui a raiſon en fait de gouvernement, que de decider par une ſemblable voie les diſputes de Théologie. Livrez moi un peuple à la merci des Profeſſeurs en Politique, ordonnez lui de ne ſe point determiner par la voie de l'autorité, mais ſeulement par les lumieres de l'examen, vous ne verrez jamais de fin aux guerres civiles, non plus que vous n'en voiez pas aux diſcordes Proteſtantes, après mille projets & mille tentatives de réunion.

En IV. lieu à quoi ſonge Junius Brutus de nous venir dire que la raiſon pour laquelle David s'eſt retiré aux montagnes, & n'a rien attenté contre le Tyran, eſt qu'il n'étoit pas l'un des Gou-

Gouverneurs declarez du peuple? Livrez le je vous prie à vos Ecrivains modernes, & qu'il aprenne d'eux que c'est principalement aux gendres des Rois, comme étoit David, à mettre ordre au Gouvernement. Sans mentir c'est quelque chose de bien ridicule que d'autoriser un Echevin à faire soulever le peuple pour détroner un Monarque, & de ne donner que la fuite pour tout remede à David personnellement persecuté par un Tiran, à David, dis-je, qui avoit épousé la fille du Roi, & qui outre sa valeur, l'amour du peuple, & la cession que Jonathan son beaufrere lui avoit faite de son droit, avoit déja reçu l'onction Roiale, par un Prophete. Cét exemple donc n'est propre qu'à vous couvrir de honte, car qui ne voit que si David s'est cru obligé à n'opposer

poser à la tyrannie de Saul que la fuïte & que la patience, il faut à plus forte raison que tout autre sujet prenne le même parti, & qu'un gendre à qui on ne fait aucun mal se tienne en repos. Reconnoissez vous là les maximes & la prattique de vôtre secte?

V. Enfin de quelles peines n'est point digne l'audace qu'ont ces Auteurs d'abuser si criminellement de la parole de Dieu, lorsqu'ils disent que les passages où St. Paul & St. Pierre nous commandent d'obeïr aux Rois, ne concernent que les personnes qui n'ont aucune charge publique, de sorte qu'à les en croire ces 2. Apôtres n'obligent à obeïr aux Puissances que les simples particuliers; encore faut-il que le juge du village dans lequel ils resident, le trouve à propos, puis qu'en qu'en cas de conflict de jurisdiction entre un mauvais Roi, & le juge de Village, les sujets peuvent & doivent se ranger sous l'Etendard de ce juge pour faire la guerre à ce Roi. Ainsi à proprement parler les Apôtres n'engagent personne à obeïr à son Souverain, puis que ceux que l'on veut qu'ils y engagent, n'y sont obligez qu'en cas que d'autres qui n'y sont pas obligez, obeïssent pourtant. Si Dieu vous commandoit de donner l'aumône, pourveu qu'un autre à qui Dieu ne le commanderoit pas, la donnast, ce ne seroit point du tout une loi divine de faire l'aumône. Tout se reduit donc dans les Oracles si precis de Saint Pierre & de Saint Paul, nonobstant leurs propres expressions, & la circonstance du tems où ils écrivoient, à nous donner un ordre bien superflu d'obeïr aux Prin-

Princes, pourveu qu'ils soient de bonnes gens. Ne voilà t'il pas des loix suspenduës à des conditions bien dignes du Saint Esprit, & d'une Morale qui devoit sur toutes choses inspirer aux hommes la patience & l'humilité?

Mais reflexions de cette nature à part avec des Esprits tels que sont vos Ecrivains d'aujourdhui, qui nous renouvellent à toute heure ces gloses grotesques, nous disant fort gravement que cette Morale de l'Evangile n'est pas faite pour les personnes constituées en dignité, ou pour le peuple representatif, qu'au contraire c'est à ce peuple à dispenser l'autre de ces vertus trop Chrêtiennes. Si bien que voila un même peuple qui en qualité de representant, se donne l'absolution à soi même comme representé.

Quoi

Quoi qu'il en soit il me suffit 1°. que vôtre principe soit tellement lié avec la consequence rejettée par Junius Brutus, & par ceux de Magdebourg (savoir que chacun a droit de prendre les armes pour remedier aux maux de l'Etat) qu'il est aisé de connoitre qu'elle en est une suite necessaire, & qu'ils ne l'ont desavoüée que de peur & de honte 2. qu'ils en avoüent assez pour nous faire clairement comprendre que leur desaveu est une precaution inutile; car quand il y a dans un Roiaume autant de Chefs legitimes de sedition, que de Gentilshommes titrez, & que d'Eschevins ou de Consuls, ce n'est pas la peine de donner à chaque individu le droit de prendre les armes. Neanmoins comme ce droit peut mieux faire sauter aux yeux l'abomination que vous nou-

Avis aux Refugiez. 193

nouveaux Casuistes viennent de resusciter, je ne pretens pas m'en departir, & je vous citerai même deux Auteurs qui paroissent avoir eu plus de bonne foi que Junius Brutus.

Le premier est le fameux Jean Knox * l'Apôtre de l'Ecosse pour le Protestantisme, qui apres avoir dit en general ᵃ que lors que les Princes usent de tirannie contre Dieu & contre sa verité, leurs sujets sont degagez du serment de fidelité, ajoute en particulier à l'égard de Marie Reyne d'Angleterre, *que les Gentilshommes, les Gouverneurs*

* *Magnus ille Joannes Knoxus, quem si Scotorum in vero Dei cultu instaurando velut Apostolum quendam dixero, dixisse me quod res est existimabo.* Beza in iconib.

ᵃ *Si principes adversus Deum & veritatem ejus tyrannicè se gerant, subditi eorum à juramento fidelitatis absolventur.... Illud audacter affirmaverim, debuisse nobiles, Rectores, Judices, Populumque Anglicanum non solum resistere & repugnare Mariæ illi Jezabel, quam vocant Reginam suam, verùm etiam de ea & sacerdotibus ejus & aliis omnibus quotquot ei auxilium tulerunt mortis supplicium sumere, ut primum cæperunt Evangelium Christi supprimere.* Admon. ad Nobilit. & popul. Scot.

neurs, les Juges, & le Peuple d'Angleterre devoient non seulement lui resister, mais aussi la faire mourir avec ses Pretres & avec tous ses adherans, dés qu'ils commencerent de suprimer l'Evangile. Vous voiez qu'il met le peuple au même rang que les Magistrats pour ce qui est de l'autorité de se soulever. L'autre qui est un * Ministre Anglois nommé Goodman s'exprime

* quamdiu principes & Magistratus &c. Sin verò audacter & ipsi leges Dei transgrediantur, & aliis idipsum præcipiant tum perdiderunt eum honorem & obedientiam quam alias subditi eis prestare tenebantur, neque deinceps habendi sunt pro Magistratibus, sed puniendi tanquam privati homines..... si principes & Magistratus omnes repugnant legi divinæ, habetis vos qui è populo estis, expressum verbi divini testimonium pro parte vestra, & Deus ipse vobis dux & signifer erit qui præcipit, non solum Primoribus & Magistratibus auferre malum ex ipsis, sive idololatriam sive blasphemiam, sive apertam injuriam, sed hoc à tota multitudine requirit, cui gladius justitiæ ex parte commissus est. Ideoque si Magistratus omnes simul despicere velint justitiam & leges Dei, vestrum est contra Magistratum aliosque omnes eos defendere... Hoc enim Deus à vobis postulat, toti populo hoc onus incumbit, ut animadvertat in idololatram quemcunque, nemo excipitur, sive Rex, sive Regina, sive Imperator. In libro cui titulus, quemadmodum superioribus Magistratibus sit obediendum cap. 9.

me avec plus de precision, car il parle des Princes & des Magistrats en les distinguant les uns des autres, & dit que pourveu qu'ils fassent observer les loix divines, on leur doit obeissance, bien qu'ils soient impies, méchans & reprouvez : mais qu'aussi-tôt qu'ils entreprennent de transgresser ces loix & de les faire transgresser aux autres, on ne doit plus les tenir pour des Magistrats, qu'on doit les châtier comme des personnes privées. Si on lui demande à qui apartient le droit de les châtier lors qu'ils tombent tous en faute, il repond que c'est au peuple, c'est à dire comme il paroit visiblement, à ceux qui avant cela n'exerçoient aucune charge, & c'est raisonner beaucoup plus consequemment que ne font vos autres Monarchomaques. C'est aussi me justifier pleinement à l'égard de toutes les suittes par lesquelles j'ai combatu leur fausse hypothese. J'eusse pu la batre en ruine par d'autres endroits, mais n'aiant pas eu dessein de faire un livre, je me suis borné à l'attaque que l'on nomme dans l'Ecole *reductionem ad absurdum*, qui est l'argument le plus capable de desabuser un honnête homme.

J'atteste à present vôtre conscience, Monsieur. Avez vous besoin que je vous marque plus en detail la fureur & l'énormité de ce dogme ? N'en voilat'il pas plus qu'il n'en faut (je l'espere au moins & je le souhaite de tout mon cœur) pour vous delivrer du charme qui vous a si fort éblouïs à la veuë des revolutions d'Angleterre, & pour vous faire desavoüer publiquement ce nombre infini d'Ecrits seditieux dont vous inon-

inondez toute l'Europe ? Souvenez vous que les livres de Buchanan, de Junius Brutus, & de semblables trompettes de guerres civiles, vous avoient toûjours semblé si propres à vous charger de confusion, & de la haine publique, que vous aviez toûjours affecté de faire passer ces Ecrivains pour des gens sans nom, & sans nulle autorité, ou du moins sans consequence envers les pures Monarchies. *Qu'on ne nous fasse point l'injustice*, disoit un de vos * Auteurs il n'y a pas bien long tems, *de compter entre nos Docteurs un poete Ecossois sans caractere qui a voulu s'égaier à debiter ses songes sur la politique, & quelques livrets dont les Auteurs n'ont osé se nommer, n'ont jamais été connus, ont mêmes toûjours été soupçonnez d'être travestis.* Aprés quoi il soutient

* De Daillon, Examen de l'oppression des Reformez, Amst. 1677. pag. 11.

tient qu'on a calomnié Pareus, puis que la doctrine qu'il a debitée ne regarde que les Princes de l'Empire, & les Villes Imperiales. C'est vôtre ressource ordinaire en faveur de ce Pilier de vôtre parti. *Vos Theologiens ont dit plusieurs fois*, comme nous l'apprend * un moderne, *que Pareus n'a voulu parler que des Magistrats particuliers des villes libres d'Allemagne, que ceux qui ont le droit d'Election peuvent deposer, lors qu'ils sont convaincus d'avoir enfraint les conditions de leur entrée dans les charges.* Un autre ᵃ avoit repondu en 1683. que Monsieur Arnaud n'avoit allegué contre vous que 4. Auteurs, deux connus savoir Buchanan & Pareus, & deux inconnus, savoir *un certain Auteur caché sous le faux nom de* Junius Brutus, *& un autre encore plus obscur dont l'ouvrage*

* Bibloth. Universelle tome XI. p. 52. 53. Amst. 1689.

a Apologie pour la Reformation to. 2. pag. 286. & suiv. edit. in 4.

vrage a pour titre, de jure Magistratuum in subditos, que quand des livres ne portent point de nom & sont desavoüez de tout un parti, ils n'ont pas d'autorité, qu'ainsi quand ces 2. Auteurs obscurs & cachez auroient mis au jour les maximes du monde les plus fatales au repos des Etats & à la seureté des Souverains, vous ne seriez pas obligez d'en repondre ; que le Roi Jaques a soupçonné que ce Junius Brutus étoit un Papiste qui se cachoit sous ce nom pour rendre la doctrine & le parti des Protestans odieux. . . . Que de ces 4. Auteurs il n'y en a que 2. dont l'autorité vaille quelque chose, car pour ces 2. inconnus, Junius Brutus & l'autre vous ne les connoissons point, dit-il. Aprés cela il avoüe que les maximes de Buchanan & de Pareus ne sont point vos maximes, que vous les avez diverses-fois desavoüées,

I 4

avoüées, & qu'on ne les trouvera dans aucun de vos Ecrits authentiques, qu'elles sont assurement fausses dans la generalité dans laquelle ces Auteurs les proposent, pretendant que c'est là le droit general des peuples & des Rois, ce qui n'est pas vrai. Quant au reproche que Monsieur Arnaud lui avoit fait sur la tolerance de vos Synodes pour ces méchans livres, on lui repond *que vous n'aviez point à faire des démelez du Roiaume d'Ecosse*, que la doctrine de Buchanan se raportoit à la question, *si dans le Roiaume d'Ecosse les Rois sont sujets aux loix*, que pour ce qui est des maximes de Junius Brutus, *Vous n'aviez que faire de vous battre contre un inconnu, & un homme sans nom & sans autorité dans le monde, puis que vous aviez des noms illustres, des noms connus,*
des

Avis aux Refugiez.

des *Auteurs de poids & d'autorité ausquels vous pouviez porter vos coups.* Et sur cela il cite l'acte du Synode de Tonneins dont je * me suis servi contre vous mêmes.

* *Cy-dessus p. 76.*

Je laisse là le peu de sincerité ou l'ignorance qui regne dans ces reponses, car enfin Buchanan est-il un homme à être traitté *de poete sans caractere, qui a voulu s'égaier à debiter ses songes sur la politique*, lui que la Noblesse d'Ecosse choisit pour precepteur du Roi Jaques, & à qui l'infortunée Marie Stuart, & en suitte le Viceroi d'Ecosse témoignerent une affection & une estime toute particuliere; lui qui n'écrivit son Traitté *de jure regni apud Scotos*, que pendant les troubles du Roiaume, & pour soûtenir les pretentions de ceux qui avoient foulé aux pieds l'autorité & la Majesté Roia-

Roiale; lui qui * confesse que ce Traitté servit de beaucoup à fermer la bouche au parti contraire, c'est à dire à ceux qui condamnoient les attentats exercez contre les droits inviolables de la Monarchie? On nous viendra soûtenir qu'un tel Auteur n'a écrit que pour s'égaier en nous debitant ses songes, comme si l'on nous parloit de ceux qui publient les panegyriques de la fievre, ou leurs voiages imaginaires au monde de la Lune? Tant s'en faut que l'ouvrage de Buchanan soit destitué d'autorité, qu'on peut dire que c'est un ouvrage de parti & de commande, destiné à faire savoir en beau Latin, & avec tous les talens d'une des * meilleures plumes de son siecle, ce que tous les Calvinistes d'Ecosse

* Voici comme il parle en le dediant au Roi son disciple, *is liber cum pro tempore profuisse non-nihil sit visus, ut occluderet ora quibusdam qui clamoribus importunis magis, qui tum erat, rerum statum insectarentur, quam quid rectum esset ad rationis normam exigerent &c.*

a *Voiez dans les Eloges tirez de Monsieur de Thou par Monsieur Teissier to. 1. p. 574. & suiv. Combien Buchanan étoit un homme de consequence.*

se pensoient & disoient, mais qu'ils n'étoient pas capables de publier. Cet Auteur se repentit enfin d'avoir sacrifié sa plume à un tel usage, & rejetta les prieres qu'on lui fit en 1582. de l'emploier pour la cause des rebelles, reconnoissant avec douleur qu'il ne l'avoit que trop fait, *se* factiosorum causam contra principes jam antea suscepisse dolenter ingemuit & paulo post obiit.* Sans doute ce n'est point à cause de ce refus, mais plutôt à cause de son attachement precedent aux factions d'Ecosse que dans l'Apologie de Pareus on l'a maintenu homme de bien à qui l'Eglise & la Republique avoient de grandes obligations. Consultez, je vous prie, vôtre Blondel dans sa *modeste declaration* pag. 294. & 295.

De plus pour qui nous prend

* *Camdenus annal. ad ann.* 1582.

on en nous disant qu'il ne s'agissoit que des Princes de l'Empire dans Pareus, & du Roiaume d'Ecosse dans Buchanan, puis qu'enfin il a falu convenir que *les maximes de ces 2. Auteurs sont fausses dans la generalité dans laquelle ils les proposent.* Qu'elle opinion voulez vous aprés cela que l'on ait de vos Théologiens sur le Chapitre de la bonne foi, puis que nonobstant cét aveu de celui qui repondit à Mr. Arnaud en 1683. un autre nous vient dire en 1687. que Pareus ne parle que des Etats d'Allemagne: un autre en 1688. n'en accorde pas même tant, & soûtient *que vos Théologiens ont dit plusieurs fois que Pareus n'a voulu parler que des Magistrats particuliers des villes librées d'Allemagne.* Si cela étoit les Allemans le fussent ils donné la peine de refuter ses maximes comme l'a fait le le Lutherien Osiander? * Je ne dis rien ici de la censure d'Oxford; j'en parlerai cy-dessous:

Pour ce qui est de Junius Brutus, comment peut-il être traitté *de fantome, d'inconnu, d'homme sans nom & sans autorité dans le monde*, aprés qu'un Professeur en Théologie à Geneve a declaré dans un écrit imprimé l'an 1628. a qu'Hubert Languet s'étoit caché sous ce faux nom, & que son livre avoit été imprimé par les soins de Philippe de Mornai? ignore t'on ce que Daubigné raporte dans la premiere édition de son Histoire en l'an 1616. *Ottoman* b dit-il, *fut long-temps & à tort soupçonné de cette piece, mais depuis un Gentilhomme François vivant lors que j'écris, m'a avoüé qu'il en étoit l'Auteur.* Et dans un autre Chapitre c *il paroissoit un livre qui*

* Dans ses observations sur Grotius *de jure belli & pacis*.

a *Vid. Gisb. Voetius disputat. Theol. vol. 4. pag. 232.*

b *Tome 1. livre 2. ch. 17.*

c C'est le 2. du li. 2. de la 2. partie.

qui s'appelloit *Junius Brutus*, *on defense contre les tyrans*, advoüé par un des doctes Gentils-hommes du Roiaume, renommé pour plusieurs excellens livres, & vivant encore aujourdhui avec AUTORITÉ. Ignore t'on * que dans la 2. édition en 1626. il declare *qu'il s'est trouvé enfin que ce Gentilhomme n'avoit fait que donner le jour au libelle, l'ayant eu en garde par Hubert Languet qui en étoit le vrai Auteur.* De sorte qu'il se trouve selon les ᵃ dispositions du droit Romain que ce Livre peut-être attribué à deux Auteurs, savoir à du Plessis-Mornai, & à Hubert ᵇ Languet, les 2. personnes qui par leur naissance,

* *Voiez la page* 124. *&* 170. *du* 1. *vol.*

a *Les loix contre les libelles veulent que ceux qui les publient en soient reputez les Auteurs, & traittez de même*, Si quis ad infamiam alicujus libellum, aut carmen (aut historiam) scripserit, composuerit, ediderit, dolove malo fecerit, quo quid eorum fieret &c. *Institut. Justinian. l.* 4. *de injuriis Tit.* 4. *d'autres loix adjoutent* Etiamsi alterius nomine ediderit vel sine nomine.

b *Voiez dans Voetius* ubi supra, *au recueil d'éloges de ce Languet.*

par leur savoir, par leur esprit, par leur plume, par leur zele, & par leurs continuelles negotiations en faveur de la cause, s'étoient aquis la plus grande autorité parmi vous. Je pourrois dire en passant que vôtre Heros le Sieur du Plessis Mornay n'avoit pas trop bonne grace de refuter *le Catholique Anglois* de Loüis d'Orleans, qui tout furieux ligueur qu'il étoit, auroit pu dire qu'il n'empruntoit les fondemens de ses libelles que d'Hottoman Calviniste outré, & du Livre d'Hubert Languet imprimé par les soins de du Plessis.

Mais, Monsieur, point de procez sur toutes ces petites choses. Je me contente de vous faire remarquer que ci-devant vos écrivains soit de bonne soit de mauvaise foi se deffendoient soigneusement d'étre les Approbabateurs des pernicieuses maximes d'Hubert Languet, & qu'à l'exemple du Roi Jaques ils n'étoient pas fachez que l'on crut qu'un malin Papiste vous avoit supposé ce Livre comme tres propre à vous faire detester dans tous les Roiaumes. A quoi pensent t'ils donc aujourdhui en publiant tant de livres où sans detour & sans reserve ils étalent les mêmes dogmes, & les poussent encore plus loin ?

Pensez y serieusement, & faites quelque chose d'éclat qui nous convainque que vous n'êtes point infectez de ces heresies politiques. *Sauvez vous* * *de cette generation perverse*, & songez à l'ordre que Dieu donna au peuple Juif de se retirer d'autour des tentes de Coré, Dathan, & Abiram, & de ne toucher à rien qui apartinst à ces Trompettes de sedition.

* Act. des Apôtr. ch. 3. v. 40. a des Nombr. ch. 16.

Desa-

Desavoüez nommement tous ces écrits scandaleux où l'on a taché de faire soulever jusques à Monseigneur le Dauphin contre son propre pere, & d'armer tous les François en faveur des plus irreconciliables ennemis de la Nation, pour mettre nôtre Monarchie sur le pied d'un Roiaume Aristodemocratique. Si je vous articule ces sortes d'écrits ce n'est pas qu'on les croie ici fort dangereux, car au contraire il n'y a point de bon François qui ne s'en moque, & qui ne les compare à ces fleches qu'on dit que les sauvages d'Afrique lancent contre le Soleil. Vains & inutiles efforts qui ne servent qu'à decouvrir le fond du cœur dont ils partent, & qu'à rejoüir vos ennemis. Ils ne demandent pas mieux que de vous voir continuer sur ce ton là, c'est leur fournir des moiens de ren-

rendre la reconciliation impossible. Ceux mêmes qui ne seroient point fachez de vôtre retour, ne laissent pas en voiant de ces libelles de s'écrier, *Dieu nous garde d'un Pape Huguenot, il feroit plus de mal en peu d'années par ses excommunications de Rois, & par ses translations de couronnes des Peres aux Enfans, ou aux étrangers mêmes, s'il y écheoit, que n'en ont produit les Hildebrans, & les autres méchans Papes en plusieurs siecles.*

Car on verifie par le calcul, ajoûtent ils, que sans avoir eu de Pape, les Protestans ont detrôné actuellement beaucoup plus de Rois, depuis l'an 1517. où commence leur époque, jusqu'à aujourdhui, que les Papes n'ont taché d'en detroner par des Bulles fort inutiles, dans le même espace de temps. Je vous en avertis en ami, afin que vous travailvailliez à ôter de dessus vos têtes ces facheuses presomptions.

Si vous m'en croiez, vous témoignerez publiquement vos regrets de ce que tant de personnes Refugiées abusant de leur loisir, & de la facilité des Imprimeurs, ont emploié ou à composer des libelles, ou à traduire ceux des Anglois, le temps qu'ils auroient dû emploier à sanctifier les souffrances où ils ont été appellez pour leur Religion. Il est étonnant que les Presbyteriens de delà la mer ne soient pas devenus sages aprés les reproches dont on les a continuellement dechirez depuis le parricide de Charles I. & qu'il se soit trouvé en Angleterre, où l'on faisoit tous les ans une commemoration si humiliante de ce grand pèché, tant d'écrivains qui tachoient de porter les choses à une fureur aprochante contre

tre le Roi Jaques II. Il est étonnant, dis-je, que l'on y ait publié la vie de Julien l'Apostat pour faire voir que les Chrétiens étoient obligez de l'exclurre de l'Empire : & qu'à plus forte raison on étoit obligé en Angleterre d'exclure le Duc d'Jorc, & qu'on ait eu l'audace d'y publier un autre libelle, dont voici le Frontispice ; *l'irrevocabilité du Test & des Loix Penales prouvée par la mort tragique de Charles Stuart Roi d'Angleterre, Pere de Jaques II. à present regnant.* MEMENTO MORI, dans lequel on étale le procez & le suplice de Charles I. avec des airs triomphans, & comme si l'on se glorifioit encore de l'action du monde la plus noire & la plus capable de mortifier toute une Nation. Mais il est peut-être plus étonnant que des François qui ne cessent d'appeller tyrannie

nie diabolique l'interdiction des exercices de leur Religion, aient traduit & fait imprimer avec tant d'empressement un livre, où l'on menace de mort un Roi s'il entreprend de faire changer les loix qui ôtent la liberté de conscience à ses sujets Catholiques. L'étonnement s'augmente quand on considere que les Traducteurs de ces libelles seditieux attendoient d'heure en heure leur rapel en ce Roiaume.

Quoi donc, vous ignoriez que nos Parlemens n'ont jamais respecté ni Societé des Jesuïtes, ni Ecrits de Cardinaux ni Bulles de Papes, quand il s'est agi de temoigner de l'indignation contre des dogmes beaucoup moins dangereux que vôtre pretenduë Souveraineté du Peuple ? Car il est bien plus à craindre qu'une populace ne se mutine, quand elle

elle croit le pouvoir faire de sa propre autorité, ou à l'instigation d'un simple Juge Roial, que lors qu'elle se croit obligée d'attendre la permission de la Cour de Rome. Il est certain Monsieur, que si vous revenez jamais en ce Roiaume, l'on exigera de vous la signature d'un Formulaire, par laquelle vous serez obligez de renoncer à tous les principes des Monarchomaques, dont vous avez paru si grands Zelateurs. Ce sera un nouveau Test que vous serez cause que l'on introduira parmi nous. On obligera aussi tous vos Ministres à prêcher pour le moins 4. fois l'an sur des textes qui regardent la soumission aux Puissances Souveraines, & à declarer nettement & sans équivoque qu'il n'est jamais permis aux sujets de se revolter contre leur Roi. Cet

ordre

ordre ne sera pas aussi nouveau que le Formulaire, puis qu'en * 1643. il fut ordonné à vos Ministres d'enseigner au peuple qu'il ne faut point prendre les armes contre son Prince, ce qui prouve manifestement que la Cour n'étoit gueres contente d'eux quant à ce dogme.

On vous permettroit plûtôt d'apeller idolatre la Religion du Roi, que de dire qu'il n'est pas au dessus du peuple. Quelque pieté qu'aient les Monarques ils souffrent plûtôt les heresies qui ne regardent que la Religion, que celles qui regardent leur autorité, ou leur personne, & il est même certain que celles-ci sont plus capables de troubler le repos public. Vous savez sans doute la remarque de Monsieur de Nevers contre l'Empereur Charles Quint, qu'étant à Ausbourg en 1552.

* Gretius qui n'aimoit guere les Ministres souhaitoit qu'on reimprimast en Hollande cet Edict du Roi, v. Epistol. 645. & alias part. 2.

il

il deposseda 3. Ministres Lutheriens parce qu'ils medisoient de lui, & laissa tous les autres Ministres prêcher & medire de Dieu selon leur phantaisie.

Je ne puis, ni je ne dois vous cacher une reflexion que j'ai oui faire à plusieurs personnes depuis peu, c'est que plus les Protestans sont éloignez de l'Eglise, plus ils sont contraires aux Souverains ; car par exemple il s'en faut bien que ceux de la Confession d'Augsbourg & les Episcopaux d'Angleterre soient idolatres de la Souveraineté du Peuple comme le sont les Calvinistes & les Presbyteriens. Grotius qui s'étoit autant éloigné du Calvinisme qu'approché de nous, est tout-à-fait raisonnable contre la prise d'armes des sujets, dans son excellent Traitté *de jure belli & pacis.* Ses Commentateurs Lutheriens

:iens, Zieglerus, Boeclerus, Osiander suivent en cela son sentiment. Mais le Calviniste Gronovius prend à tâche de le refuter, & n'oublie pas la raison du cœur, l'argument de l'interêt du parti, savoir qu'on ne * peut être du sentiment de Grotius, sans deshonorer les Heros de la Reforme qui par le grand succez de leurs armes victorieuses l'ont plantée en plusieurs Pays: & au lieu que presque par tout ailleurs il ne fait que de tres petites notes sur le texte, il en fait de longues & d'étudiées sur tout ce qui concerne l'autorité des Monarques afin de contredire Grotius. Aussi n'imprime t'on plus en Hollande le Traitté *de jure belli & pacis*, sans y ajouter les notes de Gronovius

* *Auctor quæstionem an liceat Christianis pro religione adversus superiores in ultimo discrimine bellare ita tractat ut negantem partem probare, que ita tot heroum quorum armis à Deo prosperatis libertatem conscientiæ in Belgio, Germania, Gallia, demus causam damnare videatur. Cui sententiæ subscrivere non possumus.* Gronovius not. in lib. I. c. 4. g. m. 5?.

novius comme un preservatif contre le pretendu poison de l'Original.

La Reflexion dont je vous parle est puissamment confirmée par le nouveau livre de Masius Professeur Lutherien en Dannemarc, intitulé *interesse Principum circa Religionem Evangelicam*, où il debite comme l'opinion commune des Lutheriens, les sentimens les plus Orthodoxes sur l'autorité des Rois, mais il soûtient que ceux des Anabaptistes, des Presbyteriens & des Calvinistes sont fort prejudiciables à l'autorité Souveraine. Un de vos journalistes aussi éloigné pour le moins que vous autres de l'Eglise Catholique n'a point trouvé à son gout ce livre là, & de là vient qu'il lui donne divers coups de dent qui témoignent qu'il est aussi bon Republicain, que méchant Refutateur. On croira sans

sans peine que les Danois sont fort de l'avis du Professeur de Copenhaguen, car ils s'étoient si mal trouvez de ce partage d'autorité qui vous plait tant entre les Rois & les peuples, qu'en l'an 1660. les 3. * Etats du Roiaume confererent au Roi Frideric III. la Souveraineté hereditaire sans aucune exception, & remirent tous leurs privileges entre ses mains.

* Voi. l'Hist. de ce siecle par Parival 3. part. pag. 164.

Pour ce qui regarde l'Eglise Anglicane, personne n'ignore la fidelité qu'elle avoit toûjours euë pour ses legitimes Souverains, ni ses vigoureuses oppositions aux doctrines seditieuses de Buchanan, de Goodman & de leurs semblables, adoptées, même jusqu'à la pratique, par la secte Presbyterienne avec tant de violence, que le Roi Jaques le plus moderé de tous les hommes ne put s'empêcher d'en te-

moigner publiquement * son indignation. Je ne vous citerai rien là dessus, ni ne dissimulerai point que ce Prince aiant été adverti que son temoignage vous pourroit nuire en France, declara qu'il n'avoit voulu parler que des Puritains de son Roiaume. Ceux ci demeurerent toûjours chargez de la fletrissure, & n'ont que trop justifié le jugement qu'il rendoit d'eux, & les funestes pressentimens qu'il sembloit avoir de leur insatiable haine contre sa famille. Mais au contraire les Episcopaux perseveroient à cét égard dans la vraie foi, & travailloient de toute leur force à repurger l'Angleterre du levain de la doctrine seditieuse. C'est pour cela qu'en 1622. l'Université d'Oxford condamna (a) comme fausses, impies & seditieuses les propositions de Pareus, par qui
que

* *Voiez son present Roial, & la Conference de Haptoncour.*

a *V. Grotius in voto pro pace ad artic. 16.*

que ce soit qu'elles fussent soutenuës, & decida *selon le Canon des Ecritures que les sujets ne doivent resister en aucune maniere par la force & par les armes à leur Roi ou à leur Prince, & qu'il ne leur est point permis de s'armer ni offensivement ni deffensivement contre leur Roi, ou contre leur Prince soit pour cause de Religion, soit pour quelque autre sujet.* Non contente de cela, elle fit brûler le livre de Pareus, d'où les propositions qu'elle condamnoit, avoient été prises, & fit un decre portant *que tous les Docteurs, & tous les Maitres de l'Université, & les Bacheliers en Droit & en Medecine signeroient la condamnation & la decision susdites, & qu'à l'avenir personne ne pourroit être gradué en aucune faculté sans les signer prealablement, & sans jurer en même tems qu'il detestoit & qu'il deteste-*
roit

steroit toute sa vie les propositions qu'on venoit de condamner. Le Roi Jaques fit d'une part refuter ce même livre de Pareus par le Docteur David Owen, & brûler de l'autre par les mains du bourreau.

Je ne crains pas de m'avancer trop si je dis que l'opposition entre les Episcopaux & les Presbyteriens sur l'obeissance qui est deuë aux Princes, n'a pas été la moindre cause de leurs irreconciliables divisions; car il paroit par la lettre que le docte Bochart écrivit en 1650. au Sieur Morley Chapelain du Roi de la grand' Bretagne, qu'une des principales raisons qui empêchoient les Episcopaux Refugiez en France d'avoir communion avec vos Eglises, étoit qu'ils vous croioient dans ce sentiment Presbyterien, *que les sujets peuvent mettre les Rois à la raison*

raison par la force & par les armes, & en cas de resistance les renverser du trône, les mettre en prison, & en justice, & enfin les faire passer par les mains du bourreau. Il n'est pas question ici des protestations qui furent faites par Bochart, que ce n'est pas là vôtre doctrine, ni de quelques faits qu'il allegua concernant les bonnes intentions du parti Presbyterien pour la vie de Charles I. faits de tres petite importance pour disculper les dogmes de ce parti, & capables seulement de faire voir que les independans les entendoient beaucoup mieux : faits en un mot qui ne font rien à l'affaire, car un Roi se soucie peu qu'aprés qu'on a eu la dureté de le mettre entre 4. murailles, on n'ait pas assez de resolution pour lui faire trancher la tête, & constamment il est ridicule de pretendre que le peuple peut bien condamner son Roi, c'est à dire son premier Commis, à une prison perpetuelle, ou à un bannissement perpetuel, mais non pas au dernier supplice. Où sont les raisons contre cette derniere peine qui ne soient également bonnes contre les autres punitions, & que peut-on dire pour justifier celles cy, qui ne serve à justifier l'autre? Mais n'étant point question de cela presentement continuons nos remarques sur la conduite des Episcopaux d'Angleterre.

Ils eurent grand soin des qu'ils furent retablis de foudroier vôtre dogme de la Souveraineté du Peuple, soit en faisant condamner le livre de Jean Milton par un Acte du Parlement, soit en fondant le procez des Juges de Charles I. sur des principes entierement oppo-

opposez à ce faux dogme, & destructifs par avance des pretentions qu'on vient de faire valoir. On doit dire de plus à la loüange de l'Eglise Anglicane, que ses Evêques resisterent vigoureusement à la faction qui vouloit exclurre le Duc d'Yorc, & que ses Universitez parurent animées du même esprit que les Prelats. Nous avons été des premiers à publier l'action glorieuse que fit l'Université d'Oxford peu aprés la decouverte d'une horrible conspiration tramée par des Protestans. Permettez moi de vous donner un Extrait de la Gazette de Paris du 14. Août 1683. à l'article de Londres. *L'Université d'Oxford assemblée en Corps le 21. du mois dernier censura 27. propositions contraires aux devoirs des sujets envers le Roi. Ces propositions se trouvent dans les livres de Buchanan, de Knox,*

Knox, de Milton, de Baxter, & dans plusieurs Ecrits en langue vulgaire qui ont été publiés en ce Roiaume pendant les derniers troubles, & en Ecosse par les Ministres Presbyteriens Chefs des Fanatiques. Cette Université les a declarées heretiques & scandaleuses, & elle a ordonné que les livres dont elles ont été tirées seront brulez dans la Cour des Principaux Colleges. Elle a aussi defendu la lecture de ces livres, & ordonné que la censure seroit affichée dans tous les Colleges d'Oxford. Enfin elle a enjoint à tous les Professeurs, Regens, & Catechistes d'enseigner la doctrine contraire à celle qui est contenuë dans ces propositions. Cette censure fut presentée au Roi le 3. de ce mois. Ce que fit l'Unisité de Cambridge ne fut pas oublié. Elle presenta le lendemain une Adresse au Roi pour lui témoigner qu'elle avoit en horreur

la

la conspiration, & qu'elle detestoit les maximes impies & sanguinaires de ceux qui en avoient été les Auteurs & les complices. Ce qui suit, tiré de la Gazette du 9. Octobre suivant, n'est pas moins considerable. *On écrit d'Oxford qu'un des Régens du College de Lincoln a été cité devant les Grands Jurez pour avoir tenu des discours seditieux & pour avoir inspiré des maximes dangereuses à ses écoliers. Le Bill ou acte d'accusation, contenoit entre autres choses, qu'il avoit recommandé à ses écoliers la lecture du livre de Jean Milton pour justifier le parricide commis en la personne du feu Roi, quoi que ce livre ait été condamné par un acte du Parlement. Il étoit aussi accusé d'avoir dit que la Souveraine puissance dependoit du peuple, que les Communes pouvoient juger & deposer les Rois, & ex-*

clure de la succession à la Couronne ceux qu'elle en jugeroit incapables. Les Grands Jurez declarerent l'accusation bien fondée & quelques-uns jugerent que selon les loix il pouvoit être poursuivi comme criminel de haute trahison. Il a été ordonné que le jugement de cette affaire seroit remis aux prochaines Assises, & que cependant l'accusé donneroit caution: L'Université d'Oxford voulant faire paroître son zele pour le service du Roi, & employer toute son autorité pour supprimer ces pernicieuses maximes a ordonné que l'accusé seroit retranché de son Corps. Le Sieur Halton à la Place du Vice Chancelier a fait publier un decret par lequel l'Université l'exclud & le bannit à perpetuité avec defense de venir à Oxford, & d'aprocher plus près de cinq milles des lieux où elle fait les exercices, si ce n'est n'est pour se presenter devant les juges.

Un de vos Gazetiers (c'est au sens de * Monsieur Claude) a pris occasion de là plus d'une fois d'encenser vôtre parti, & en même tems de nous insulter par une maligne & satyrique opposition entre ce que l'Université d'Oxford venoit de faire, & ce que fit la Sorbonne dans le dernier siecle. Mais que son triomphe qu'il étendoit d'ailleurs fort injustement hors de l'enceinte de l'Eglise Episcopale, que ce triomphe, dis-je, a été de peu de durée! Cinq ou 6. ans nous en ont fait la raison, ayant fait passer cette Eglise avec ses Universitez dans le dogme Presbyterien de la justiciabilité des Monarques. Ainsi les sentimens de Pareus que l'on avoit trouvez si contraires à l'Ecriture, y sont devenus con-

* Cy-dessus pag. 21.

for-

formes tout d'un coup. Dieu fait combien cela durera, car il n'y a pas grand fonds à faire fur des interpretations de l'Ecriture qui changent felon les paffions qui nous agitent, & qui nous y font trouver comme dans le fon des cloches tout ce que nous fouhaitons.

On s'étonnera fans doute dans les fiecles à venir que fi peu de chofe ait fait abandonner aux Evêques d'Angleterre leurs anciens principes. Quoi, dira t'-on, une prifon de tres peu de jours foufferte au milieu de toute forte de commoditez par 7. d'entre eux, & terminée par le triomphe qu'ils remporterent en gagnant hautement leur procez fut capable de les faire confentir au detrônement de leur Roi? Avoient ils trouvé le modele de cette impatience dans les Prelats qui vecurent fous l'Empire de Julien,

Julien, dans les Saints Evêques de la primitive Eglise, dont ils respectent d'ailleurs l'autorité jusques au point de s'en rendre odieux aux autres sectes Protestantes? Que n'eussent ils pas cru pouvoir faire contre leur Roi dans une opression réelle, puis qu'ils ont poussé les choses à de telles extremitez pour une persecution de neant? Car ne vous y flattez pas, Monsieur, il vous seroit incomparablement plus facile de montrer que c'est le peuple & non pas le Diable qui peut dire, que tous * les Roiaumes du monde lui apartiennent, & qu'il les donne à qui il lui plait, que de montrer que l'on a été dans le cas où il seroit permis de detrôner les Monarques. Il faudroit changer toutes les idées humaines pour persuader au monde qu'une Eglise est dans l'oppression lors que

* Voiez l'Evang. de S. Luc. ch. 4. v. 6.

que ses Prelats refusent de publier la liberté de conscience qu'un Roi leur ordonne de publier, & qu'ils gagnent hautement le procez qu'un Roi leur intente sur ce refus selon les formes ordinaires de la Justice. S'il y avoit là de l'oppression, ce seroit le Roi qui la souffriroit. Cela fait dire ici à beaucoup de gens que les Evêques Heretiques n'ont pas moins suspendu que vous leur obeïssance aux Rois de la terre, à cette mysterieuse condition, *moiennant* * *que l'Empire Souverain de Dieu demeure en son entier*: condition que l'on peut étendre autant qu'on veut, & particulierement jusques à l'extirpation des fausses sectes, qui mutilent l'Empire de Dieu. Ceux donc qui vouloient donner quelque liberté aux non Conformistes, ôtoient à l'Empire de Dieu quel-

* Confession de foi, article 40.

quelques parties integrantes ; ils étoient donc dans le cas. Quoi qu'il en soit voila tout le Corps du Protestantisme infecté de la lepre de Buchanan. Il n'y reste plus de parties saines : elles ont toutes ou mis en pratique les maximes de cét Ecrivain, ou * aprouvé ceux qui l'ont fait, & on peut apliquer à ce Corps ces paroles d'Isaïe, chap. 1. v. 6. *depuis la plante du pied jusqu'à la tête il n'y a rien d'entier en lui, mais blessure, meurtrissure & plaie pourrie.*

* Voi. cy-desſus pag. 138. S. Paul Rom. I. 32. declare dignes de mort non seulement ceux qui font les crimes, mais aussi ceux qui en aprouvent les Auteurs.

REFLEXIONS
sur l'irruption des Vaudois.

MAIS laissons l'Angleterre se gouverner comme il lui plaira : parlons uniquement des François qui sont sortis du Roiaume. Je vous dis, Monsieur, qu'afin d'y être rapellez

il

il est d'autant plus necessaire qu'ils averent leur exemption de cette dangereuse maladie, que l'on est persuadé ici que ce ne sont pas là des dogmes de pure speculation, qu'on les a reduits actuellement en pratique tout fraichement contre le Duc de Savoie, avec l'intention de repandre le même mal par toute la France. On ne doute point ici que l'entreprise des Vaudois n'ait été l'ouvrage de plusieurs Peres Spirituels qui leur ont representé que ce seroit l'action du monde la plus sainte, & celle qu'ils devoient le plus à leur Religion. On doute encore moins que ces bons Peres n'aient eu en veuë d'encourager par cét exemple les faux convertis du Dauphiné, du Languedoc, & ainsi consecutivement des autres Provinces, à se soulever. Or il nous paroit tres certain que ce
sont

sont là des conseils abominables, & voici comment nous raisonnons en ne considerant que l'affaire des Vaudois. Ayez la bonté de me suivre sans préoccupation.

Je vous declare d'abord sur la question, *si les Vaudois ont été traittez injustement* que je me range à l'affirmative. Je suis persuadé qu'ici & dans le Piedmont on auroit mieux fait, tant pour l'utile que pour l'honnête, de ne se servir contre vous que des voies de la douceur. Mais je n'en suis pas moins persuadé qu'ils sont tout à fait inexcusables.

Car par tout où l'on vit sous une forme de Gouvernement, on convient de ces 3. principes.

Le I. que ceux qui administrent la Souveraine Puissance peuvent banir qui il leur plait sans lui en dire la raison, *indictâ*
cau-

causâ. Les plus petites Republiques comme celle de Geneve, & celle de S. Marin joüissent incontestablement de ce Privilege, & l'on ne sauroit le leur ôter sans leur faire du prejudice, parce qu'il seroit souvent dangereux non seulement de laisser un homme dans une ville pendant que l'on n'auroit que des soupçons contre sa fidelité, mais aussi de publier ses soupçons. Il faut donc qu'il soit permis en quelques rencontres de banir les gens suspects sans dire au peuple en detail pourquoi on les chasse. Ce seroit même couper tous les nerfs du Gouvernement que de ne pouvoir rien faire sans en publier la raison.

Le II. que ceux qui sur des soupçons mal fondez sont banis de leur patrie, peuvent bien representer à leur Souverain l'injustice qui leur est faite, & travailvailler à leur retablissement par voie d'Apologie & de supplication, mais non pas emploier la force ouverte.

Le III. que les raisons pourquoi le Souverain banit un sujet peuvent être prises de la difference de Religion. Vous n'avez pas besoin que je vous prouve que tous les Etats Catholiques sont persuadez de ce 3. Axiome: mais si vous pouviez douter que les Etats Protestans n'en soient pas persuadez, il me seroit aisé de vous en convaincre.

Quand on reforma Geneve, on en fit sortir tous ceux qui ne voudroient pas renoncer à la Catholicité.

Les Cantons Suisses * Protestans ne souffrent pas que ceux qui changent de Religion demeurent dans leur pays.

Les Loix de Suede & d'Angleter-

* Le Docteur Burnet p. 47. de son voiage raporte cela

gleterre ne se contentent pas du bannissement contre les sujets qui embrassent nôtre Religion; elles vont jusqu'à la peine de mort. Vos propres Gazettes nous disent tous les jours qu'on poursuit en Angleterre pour crime d'Etat ceux qui se sont reunis à l'Eglise Catholique sous ce regne-cy. Vous devriez pourtant faire tout vôtre possible pour nous derober la connoissance de ce fait, puis que dans l'A*e d'appel que vous avez interjetté à tous les Souverains de la terre, contre les procedures de la France à vôtre égard, Vous avez * protesté sur tout contre cette impie & detestable pratique qu'on tient à present en France de faire dependre la Religion de la volonté d'un Roi mortel & corruptible, & de traiter la perseverance en la foi de rebellion, & crime d'Etat, ce qui est faire

sans le blâmer, & l'Auteur de l'Esprit de Mr. Arnauld to. 2. p. 335. aprouve cette conduite.

* *Voi le livre intitulé les Plaintes des Protestans, imprimé en 1686.*

Avis aux Refugiez. 239
faire d'un homme un Dieu, & autoriser l'Atheïsme, ou l'Idolatrie.

On a decidé tout fraichement en Angleterre & en Ecosse que la Roiauté est incompatible avec le Papisme. Ainsi un Roi Catholique y est condamné au bannissement, ou à une peine pire que ne le sauroit être l'exil à un sujet.

Les Suedois apparemment ne seroient pas plus traitables sur la compatibilité de la Couronne avec le Catholicisme: car lors que la Reyne Christine retourna en Suede aprés la mort de Charles Gustave en 1660. elle eut lieu de remarquer que sa seule Religion l'auroit excluë de la couronne, en cas de vacance, si l'envie de regner lui avoit repris. Car elle *fut* * *obligée de signer un acte par lequel elle renoncoit absolument, & sans pretention quel-*

* *L'Histoire de ce siecle par Parival to. 3. p. 155.*

quelconque à un Roiaume dont elle s'étoit volontairement depoüillée & le Clergé du Roiaume aprés avoir consulté quelques Regiſtres, *trouvant* * *en termes tres-exprés que celui qui ſe ſeparera de la doctrine Lutherienne, & embraſſera la Papiſtique perdra ſes heritages, droits & liberté par tout le Roiaume de Suede*, conſentit neanmoins que cette Reyne *joüit de ſes biens & revenus accordez, non en vertu du contract fait à ſon depart, mais purement & ſi͞ lement en conſideration des merites & bienfaits de ſes Ancêtres à la Couronne de Suede.* Ce n'étoit donc plus par droit mais par grace, & par diſpenſe qu'elle pouvoit joüir de quelques penſions.

* *Id. pag. 157.*

Enfin les Proteſtans d'Allemagne ſont convenus de ne ſouffrir dans l'Empire que 3. Religions, la Catholique, la Lutherienrienne, & la Calviniste. Quiconque en veut professer un autre n'a qu'à sortir du pays.

Or des là que ces 3. Principes sont incontestablement certains & parmi vous & parmi nous, & en general par tout où l'on sait ce que c'est que Puissance souveraine, il est clair en 1. lieu que S. A. R. le Duc de Savoie a eu le droit de donner ordre aux Vaudois de sortir de ses Etats, & en 2. lieu que les Vaudois n'ont du opposer à cet ordre que des prieres & des remonstrances. En effet comme il seroit du dernier absurde de pretendre que 10. ou 12. familles chassées injustement de Geneve, pourroient implorer l'assistance des ennemis de la Republique pour y rentrer à force ouverte, il n'est pas moins absurde de pretendre le même droit pour 7. ou 8. cent familles Vaudoises plus ou moins

L que

que leur Souverain auroit chaſſées injuſtement. Vous ſeriez les premiers à declamer contre l'audace & la rebellion des Sociniens, s'ils prenoient les armes pour rentrer dans la Pologne, & vos Miniſtres ne nient pas qu'on n'ait tres bien fait de les en chaſſer. Pourquoi le Duc de Savoie ſeroit-il de pire condition que le Roi & la Republique de Pologne, lors qu'on ne peut rien alleguer pour la cauſe des Vaudois, que les Sociniens de Pologne ne puiſſent alleguer pour la leur?

L'équipée des Vaudois nous paroitra plus injuſte, ſi nous remontons un peu plus haut. Le fait eſt que Mr. le Duc de Savoie ne voulant qu'une Religion dans ſes Etats, à l'exemple de pluſieurs Souverains, tant de l'une que de l'autre Religion, fit dire aux Vaudois qu'ils euſſent

à

à se retirer hors de ses Terres, & les asseura qu'il ne leur seroit fait aucun tort en se retirant. Bien loin d'obeïr à cet ordre, comme les Envoiez des Suisses sembloient le leur conseiller, ils prirent les armes & resisterent le plus qu'ils purent aux troupes que l'on envoia pour les reduire. Mais on les contraignit à se soûmettre, & alors le vainqueur pouvant exercer sur eux ce que porte le droit de la guerre, se resolut enfin de n'exiger d'eux qu'une éternelle renonciation à leurs demeures. Ils y consentirent. Ils ont donc enfraint en y rentrant un accord qui les avoit rachetez de toutes les peines à quoi le droit des armes les soûmettoit. Or si ceux qui ont été banis selon les formes ordinaires de la justice, encourent de nouvelles peines lors qu'ils sont simplement trouvez dans les

L 2   lieux

lieux d'où on les avoit banis, que n'ont point merité les sujets du Duc de Savoie qui aiant accepté la peine d'exil comme un rachat d'autres peines encore plus grandes, ont violé cet accord, non pas en se tenant cachez dans quelque coin du Païs, ou en y rentrant en cachete, mais en y rentrant les armes à la main, marchant en ordre de bataille, menaçant de brûler par tout où l'on se mettroit en état de leur nuire, chaſſant de leurs anciennes demeures ceux que l'autorité Souveraine y avoit établis, pillant en-ſuitte ſur les grands chemins juſqu'au bagage d'un Cardinal revêtu du caractere d'Ambaſſadeur ſous un Pape, à qui vôtre Secte a les dernieres obligations, enfin exerçant toute ſorte d'hoſtilitez ſur les autres ſujets du Duc de Savoie?

Quel

Quel moien y auroit-il dans le monde de conserver quelque forme de gouvernement, & d'eviter une funeste anarchie où chacun n'auroit pour regle de sa conduite que l'étenduë de ses forces, quel moien, dis-je, d'eviter cela, si l'on ne reconnoit dans chaque Etat un Tribunal qui peut banir & confisquer, sans que les personnes particulieres sur qui tombent les peines d'exil, & de confiscation, se puissent faire justice à elles mêmes en se maintenant par force dans la possession des biens confisquez, ou en s'y remettant par l'expulsion des familles qui en ont reçû l'investiture ?

Dieu merci la corruption du genre humain n'est point montée à un tel excez, que ce ne soit encore un principe du droit des gens, que les actes d'hostilité commis par de simples particuliers,

liers, sans l'aveu & la commission de quelque puissance Souveraine, sont un brigandage aussi punissable que celui des voleurs de grands chemins. Et il ne sert de rien en ce cas-là de reclamer le droit de la guerre, c'est à dire, d'alleguer que l'on est sujet d'un Prince qui est en guerre ouverte avec la Nation sur laquelle on agit hostilement: les Auteurs de ces sortes d'hostilitez sont fort bien pendus avec de telles excuses, & leurs Souverains ne se sont pas encore avisez de s'en plaindre. Il ne serviroit de rien non plus d'alleguer qu'on auroit été ruiné par les sujets du Prince Voisin, & qu'on ne fait que reprendre ce qu'on a perdu ou l'equivalant; ces raisons ne delivrent pas de la potence, & par l'usage constant de tous les peuples, ces gens-là sont declarez bien pendus. De-là vient

vient que quand les sujets d'un Prince pillez par les Armateurs d'un autre veulent se dedommager de leurs pertes, ils sont obligez d'obtenir des lettres de represailles, car s'ils alloient en course de leur propre autorité, ils seroient justement traittez comme des Corsaires pendables au mast de leur navire sans forme ni figure de procez, lors même qu'ils n'auroient fait que reprendre le vaisseau & les marchandises qui leur auroient été enlevées. C'est ce que portent les us & coutumes des Nations, non-seulement lors qu'une guerre n'est pas encore formellement declarée entre deux Etats, mais aussi dans la plus grande chaleur de la guerre. Pendez tous les Armateurs François qui ne vous montreront point leur commission, nous n'y trouverons point à redire.

dire. Le même usage est reçu par terre. Traittez comme des voleurs de grands chemins tous les Paysans ou soldats François qui pilleront sur les terres des Espagnols ou des Allemans sans ordre ni permission, sous pretexte même de reprendre ce qui leur auroit été enlevé, nous ne vous en ferons pas un mot de plainte. Surquoi nous fonderions nous? Ne savons nous pas que * tout Officier qui va en parti doit avoir ses ordres, & qu'autrement il ne merite aucun quartier, ni aucune part au benefice des loix de la guerre?

Voilà qui noircit vos Vaudois plus que je ne le saurois exprimer, car il ne leur sert de rien de dire qu'ils n'ont fait que se remettre

* Les Loix Romaines veulent que celui qui contre la Loi du Superieur se bat dans les armées soit puni de peine capitale ff. de re militari. l. desertorem. & ne permettoient pas de tuer les Ennemis avant ou contre le serment militaire prêté entre les mains des Superieurs. On sait que le butin fait en guerre contre l'Ordonnance du Prince, n'est point tenu pour bien pris, mais est sujet à restitution, même civilement.

mettre en possession de leurs heritages; un Armateur ou un Snap-han qui se serviroit de pareille excuse, destitué comme eux d'une commission emanée de quelque Etat Souverain, ne laisseroit pas d'être justement traitté comme un infame Pirate, ou comme un Voleur de grands chemins pendable au mast de son navire, ou au premier arbre.

Faites tout ce qu'il vous plaira; confondez le plus que vous pourrez tout ordre humain, vous n'ôterez jamais de l'esprit de l'homme ce principe, *que le droit du glaive n'a point été donné à chaque particulier, mais seulement à la Puissance Souveraine, & qu'ainsi toute prise ou reprise de possession en depit de cette puissance, est injuste, & qu'il faut que chaque particulier recoure à cette Puissance, & non pas à d'autres*

L 5   parti-

particuliers en grand ou en petit nombre, pour obtenir la punition de ceux qui l'ont offensé. Il faloit donc necessairement ou que les Vaudois recourussent à leur ancien Souverain pour obtenir la reintegrande, ou au pis aller qu'êtant devenus sujets d'un autre Prince, ils lui demandassent des Lettres de Represailles, ou la commission de reprendre de vive force ce qui leur avoit apartenu. Ils n'ont fait ni l'un ni l'autre ; ils n'ont pû montrer de quelle autorité ils traversoient en armes la Savoie; point de commission des * Anglois, point des Hollandois, point des Suisses, ni d'aucune autre Nation du monde. Ce sont 8. ou neuf cens hommes plus ou moins

* L'Empereur Valentinien au titre du Code, ut armorum officia nisi jussu Principis sint interdicta, l. nulli. defend de se servir des armes sans son sceu & volonté, & au ff. ad l. Jul. Majest. l. 3. comme aussi au Code de re militari. l. Nemini. il est porté que ceux qui font la guerre ou qui levent des soldats, ou qui dressent une armée sans le commandement du Prince sont coupables de Leze Majesté.

moins qui fortifiez de quelques autres ramassez de toutes parts, les uns & les autres à la maniere de gens vagabons & sans aveu entrent hostilement dans la Savoie, s'emparent d'abord de l'autorité de commander aux sujets du Duc qu'on face ceci ou cela, les menacent du feu en cas de desobeïssance, & enfin arrivez dans leurs anciennes demeures, en chassent les habitans, & s'y maintiennent par de continuelles hostilitez sur tous les lieux où ils les peuvent étendre. Si de pareils attentats pouvoient être legitimes, où seroient les troupes de Bohemiens, de Mikelets, de Bandis, de Snap-hans, & de tels autres Vagabons & sans aveu, qui ne pussent en juste guerre saccager le plat païs, & commettre toute sorte de violences?

 Mais, dira t-on, ces gens-là pren-

prendroient ce qui ne leur auroit jamais apartenu. Je répons que dans les formes de la justice militaire, autorisées par l'usage commun & public, on pend indifferemment les soldats, les Snap-hans, les Pirates &c. qui n'ont point de Commission, soit qu'ils aient seulement en veuë de se dedommager de leurs pertes, & qu'ils n'aient même que repris leur bien en espece, soit que ne cherchant qu'à s'enrichir, tout leur ait été de bonne prise. Et dans le cours de la justice civile quiconque ose chasser de vive force un Possesseur établi par Arrêt de Parlement, quelque inique que soit l'arrêt, ne peut passer que pour un rebelle, d'autant plus criminellement perturbateur du repos public, qu'il aura assemblé plus de gens pour venir à bout de son entreprise.

On

On me dira, peut-être, que les Vaudois n'ont pas entrepris cette irruption sans l'ordre de quelque Puissance qui leur a fourni pour cela des armes & de l'argent, & on pourra même ajoûter que les Suisses de vôtre Religion auxquels personne ne conteste le droit Souverain ont consenti à l'equippée, de sorte que ce n'est plus l'action de gens vagabonds & sans aveu. Mais il est facile de ruïner ce faux fuiant. On ne vous nie point le premier fait : c'est aux Cantons Protestans à voir s'ils veulent convenir du second, qui est le plus propre du monde à leur faire perdre les loüanges de bonne foi, & de droiture qui avoient été jusques ici le principal * ornement de la Nation. Mais qu'ils se

* Mr. Claude se revanche en faisant l'Apologie de la Reformation Zuinglienne. Si les Suisses, dit-il dans la reponse aux Prejugés Legitimes part. 2. ch. 6. n'ont pas naturellement l'esprit brillant comme quelques autres nations : ils l'ont solide, droit, judicieux, laborieux, ferme, fidele, sincere.

se lavent comme il leur plaira de ce reproche d'infidelité contre le plus ancien & le plus affectionné de leurs Alliez (car c'est principalement contre la France que cette conjuration étoit tramée) ils ne diront rien qui disculpe les Vaudois. Une troupe de Snap-hans auroient beau dire, qu'ils avoient un ordre verbal de l'Empereur de ravager un Païs, & de mettre le feu aux grandes Villes, & qu'ils avoient déja touché leur recompense, on n'auroit pas pour cela moins de raison de les punir du suplice des vrais Brigans, & des vrais incendiaires, quand même ils ne mentiroient pas. Ce n'est point en des occasions de telle nature que le droit des gens respecte les volontez cachées des Souverains. Ainsi le premier de ces deux faits ne peut que couvrir de honte ceux qui clandestinement

ment, & à beaux deniers comptans ont suscité cette guerre au Duc de Savoie, puis qu'encore que leur principale intention fût de faire du mal à la France avec laquelle ils sont en guerre, il a falu qu'avant toutes choses ils fissent commettre mille ravages dans les Etats de ce Duc avec qui ils n'ont jamais eu rien à démêler. De sorte que sans nulle Declaration de guerre, ils font exercer toute sorte d'hostilitez contre un Prince qui ne leur a jamais fait le moindre mal. Voilà neantmoins les gens qui nous accusent d'être de mauvaise foi.

Au reste cette loi dont on convient même durant les fureurs de la guerre de ne point laisser impunies les hostilitez commises sans l'aveu du Souverain, me paroît un hommage que tous les hommes rendent à cette importante verité, *qu'il n'y* n'y a que ceux qui administrent la Puissance Souveraine qui puissent punir & venger, & qu'il suffit pour rendre une guerre injuste, que * ceux qui la font, n'aient point de rang parmi les Etats Souverains. Car de dire qu'il suffit que ceux qui commencent une guerre soient des là censez s'eriger en Souverains, ce seroit reconnoître qu'une troupe de Bandis, pilleroient selon les formes & selon les droits d'une juste guerre, pourvû qu'ils eussent soin de faire savoir au public qu'ils secoüent le joug de leur Prince.

Cela mene bien loin vôtre Reforme, & vous le comprendrez aisement si vous faites attention à ces excellentes paroles de l'Auteur des Essais (a) de Morale *Il n'est jamais permis à per-*

---

* St. Augustin dit que l'ordre naturel demande ut suscipiendi belli auctoritas atque consilium penes Principem sit. *lib.* 22. *contr. Faustum cap.* 75. St. Thomas met entre les conditions d'une juste guerre Principis auctoritatem, cujus mandato bellum est gerendum. Sec. secundæ. qu. 40. art. 1.

(a) *Vol.* 2. Trait. 6. *de la grandeur.*

personne de se soulever contre son Souverain, ou de s'engager dans une guerre civile. Car la guerre ne se peut faire sans autorité souveraine, puis qu'on y fait mourir les hommes, ce qui suppose un droit de vie & de mort. Or ce droit dans un Etat Monarchique n'apartient qu'au Roi seul & à ceux qui l'exercent sous son autorité. Ainsi ceux qui se revoltent contre lui ne l'aiant point, commettent autant d'homicides qu'ils font perir d'hommes par la guerre civile, puis qu'ils les font mourir sans pouvoir & contre l'ordre de Dieu. C'est en vain qu'on pretendroit les justifier par les desordres de l'Etat, auxquels ils font semblant de vouloir remedier, car il n'y a point de desordre qui puisse donner droit à des sujets de tirer l'épée, puis qu'ils n'ont point le droit de l'épée, & qu'ils ne s'en peuvent servir que par l'ordre de celui

celui qui la porte par l'ordre de Dieu.

Quel Arrêt terrible contre vos Vaudois! car il les condamne à ne pouvoir exiger aucune contribution des sujets de S. A. R. de Savoie, sans que ce soit un vol, ni en tuer aucun sans que ce soit un homicide. Or si l'on en croit vos Gazettes, ils ne font qu'enlever des vivres & des bestiaux: ils étendent leurs contributions fort loin, & ils tuent des quantitez innombrables de Savoiards.

Quand on ne considereroit dans leurs actions que le desordre où ils mettent leur patrie, on y trouveroit d'assez justes causes de les condamner, & cela sans recourir qu'à la morale Paienne.

En effet les Auteurs Payens qui ont traitté des devoirs de l'homme, ont établi pour principe,

cipe, qu'aprés ce que nous devons à Dieu, la premiere & la plus sacrée de nos obligations, * est celle de servir nôtre Patrie, de sorte qu'ils nous ordonnent de la preferer à nos peres & à nos meres. Leur gradation est qu'il faut rendre ses devoirs premierement à Dieu, puis à sa patrie, en-suitte à ceux qui nous ont engendrez &c. Il s'ensuit mani-

* In ipsa autem communitate sunt gradus Officiorum, ex quibus quid cuique præstet intelligi possit: ut prima Diis immortalibus, secunda patriæ, tertia parentibus, deinceps gradatim reliquis debeantur. Ciceron des Offic. l. 1. sur la fin. Il avoit dit auparavant, cari sunt parentes, cari liberi, propinqui, familiares: sed omnis omnium caritates patria una complexa est, pro qua quis bonus dubitet, mortem oppetere si ei sit profuturus? Quo est detestabilior istorum immanitas qui laceraverunt omni scelere patriam, & in ea funditus delenda occupati & sunt & fuerunt. Sed si contentio quædam & comparatio fiat, quibus plurimum tribuendum officii, Principes sunt patria & parentes, quorum beneficiis maximis obligati sumus: proximi, liberi totaque domus &c. Platon in Critone, declare nettement que la patrie le doit emporter sur ce que l'on doit à ses pere & mere, & Valere Maxime parle ainsi au ch. 6. du liv. 5. Patriæ majestati etiam illa quæ Deorum numinibus æquatur, auctoritas parentum vires suas subjecit: fraterna quoque charitas æquo animo ac libenti cedit, summa quidem cum ratione, quia &c. Voiez un autre passage de Ciceron dans Nonius au mot antiquus.

manifestement de ce principe qu'il n'y a point de vengeance contre sa patrie qui ne soit tres-criminelle ; car comme un enfant quelque mal-traitté qu'il soit de son pere, en fust-il batu, chassé du logis, desherité, ne peut jamais sans crime mettre la main sur lui, & le chasser à coups de barres de sa maison, ou recourir à d'autres remedes qu'à des remonstrances respectueuses, & enfin aux loix de l'Etat qui sont le juge commun des peres & des enfans, à plus forte raison est-il impossible de s'armer sans crime contre sa patrie, quelque injuste & quelque dure mere qu'elle soit. Tout ce que l'on peut opposer à son injustice,* c'est la raison, la soûmission, la retraitte, car pour de juge commun entre les particuliers & la pa-

* *Id jubet idem ille Plato quem ego vehementer auctorem sequor, tantum contendere in Republica quantum probare civibus tuis possis : vim neque parenti neque patriæ afferre oportere.* Cicero epist. famil. l. 1. epist. 9.

patrie, il n'y en a point en ce monde. L'autorité de la patrie étant Souveraine ne reconnoît point d'autre Superieur que Dieu. D'autre côté vouloir être juge en sa propre cause contre sa patrie, & executer soi-même par le fer & par le feu les Arrêts qu'on a prononcez contre elle sur un Tribunal d'usurpation, seroit un crime plus atroce que d'assommer son pere à coups de baton en execution de la Sentence qu'on auroit prononcée contre lui sans l'autorité du Magistrat.

Au fond rien n'est plus étrange que de voir que les mêmes gens qui conviennent (& il n'est pas possible d'en disconvenir) que leur patrie peut disposer de leurs biens, de leurs vies, & de leurs enfans, soutienent qu'elle ne peut pas les exiler sans qu'il leur soit permis de prendre les armes contre

tre elle. J'ai dit qu'il n'est pas possible d'en disconvenir, car dès qu'une fois ceux qui gouvernent, qui quelquefois même dans les Democraties ne font pas la cent millieme partie des habitans, ont declaré la guerre à leurs voisins, il faut que quelque sujet que ce soit à qui on commande ou de monter à la breche, ou de tenir ferme dans un poste perilleux, obeïsse, eust il revelation qu'il y sera tué. Il faut que chacun consente à l'incendie de ses maisons & de sa recolte, à l'inondation de ses terres, &c. lors qu'on juge que ces degats sont necessaires ou pour affamer ou pour arrêter l'ennemi. En un mot soit que le Gouvernement s'engage à une guerre juste, soit à une guerre injuste: soit qu'il ordonne sans necessité, ou pour de bonnes raisons la ruine des
Fron

Frontieres; il faut que les particuliers obeïssent à tout ce qu'il leur ordonne, & vous n'oseriez nier que les Vaudois n'eussent consenti à pareilles choses dans une guerre que leur Souverain auroit euë contre ses voisins. Ou il faut vivre seul dans les deserts de la Thebaïde, ou bien se soûmettre à ces suittes inevitables des Societez humaines, à ces sacrifices de son bien, de la vie, de ses enfans, au salut de la patrie. Quelques * uns y ajoûtent même le sacrifice de l'honneur. Or par le salut de la patrie il ne faut pas seulement entendre qu'on l'empêche de tomber dans une miserable captivité sous un insolent & cruel vainqueur, mais aussi qu'on l'empêche de n'être point subjuguée par des étrangers quelque doucement qu'ils eussent envie d'agir avec elle. Ce que

* Ea charitas patriæ est, ut tam ignominia eam quam morte nostra, si opus sit, servemus. Lentulus apud Livium lib. 9. dec. 1.

que je remarque en passant contre vos nouveaux Casuistes, pires en fait de relachement que les Escobars & les Caramwels, car si on les en croioit on pourroit être tout ensemble fort affectionné au salut de la patrie, à celui de la France, par exemple, & fort zelé pour la soumettre à la domination des Anglois. Avec de telles distinctions entre le Roi & le Roiaume, plus detestables que les reservations mentales qu'on a imputées à quelques Jesuites, un traitre n'auroit-il pas droit de se vanter, qu'il est le plus fidelle de tous les sujets, & celui qui aime sa patrie le plus ardemment?

Loin d'ici donc ces infames deguisemens de la cruelle vengeance aprés laquelle on soupire, & que cela nous fasse plus admirer la morale des anciens Payens,

Payens, & les exemples qu'ils nous ont donnez de leur soumission aux caprices injustes de leur patrie. C'est assez l'ordinaire des Republiques de paier d'une noire ingratitude les plus grands services de ses enfans, & de laisser immoler à la fureur de la Canaille, ou aux intrigues de quelques factieux les personnes qui ont travaillé au bien public avec le plus de bonheur & de zele. Que n'ont point eu à souffrir de l'ingratitude de leur patrie les Aristides, les Phocions, les Epaminondas, les Camilles, les Scipions, exilez, ou condamnez à mort, ou chicanez de telle sorte, qu'ils s'exiloient volontairement aprés avoir rendu mille services de la derniere importance ? Cependant ont-ils jamais songé dans leur disgrace à se venger de leur patrie ? En ont ils moins travaillé

vaillé à sa conservation & à sa gloire quand l'occasion leur en a été donnée ? N'est-ce point Camille qui du lieu de son exil delivra Rome d'une perte inévitable ? Et Phocion en * mourant par l'ordre injuste des Atheniens recommandat-il autre chose à son fils, que de n'en avoir nul ressentiment contre sa patrie ?

Voiez un peu le raisonnement de Ciceron contre le scelerat Catilina. Il lui fait l'honneur de croire que si son pere & sa mere (a) le craignoient & le haïssoient & qu'il ne pust en façon du

* Elien div. Histoire l. 12. ch. 49. touchant Epaminondas, Voici ce que dit Corn. Nepos fuisse patientem suorum-que injurias ferentem civium, quod se Patriæ irasci nefas esse duceret, hæc sunt testimonia &c.

(a) Si te parentes timerent atque odissent tui, neque eos ulla ratione placare posses, ut opinor, ab eorum oculis aliquò concederes. Nunc te patria quæ communis est omnium nostrum parens odit ac metuit.... & tecum sic agit & quodammodo tacita loquitur,.... Nunc me tam esse in metu, propter te unum.... non est ferendum. Quamobrem discede, atque hunc mihi timorem eripe, si verus ne opprimar : sin autem falsus est tandem aliquando timere desinam. Hæc si tecum, ut dixi, patria loqueretur, nonne impetrare debeat, etiamsi vim adhibere non possit ? Orat. 1. in Catilin.

du monde les appaiser, il s'é-
ligneroit de leur veuë: aprés
quoi argumentant du moins au
plus il lui prouve qu'il doit for-
tir de la ville puis qu'il y est
craint & haï, & que cette mere commune de tous les Romains
l'exhorte à se retirer, & à la delivrer de sa crainte ou juste ou
injuste. Du fait donc cet Ora-
teur raisonne il est facile de connoitre que c'étoit un principe
qui ne souffroit point de difficulté parmi les Romains, qu'un
fils qui ne peut calmer l'humeur
bourruë de son Pere, se doit éloigner de lui, & qu'à beaucoup
plus forte raison un citoien dont
la presence cause des inquietudes à sa patrie, se doit exiler
volontairement. Les Atheniens
n'étoient pas moins persuadez de
ce principe, car ils se croioient
* permis de banir un homme,
lors même qu'ils n'en avoient
point

* Ils appelloient cela l'Ostra- cisme.

point d'autre raison, si ce n'est que sa vertu & sa gloire étoient trop brillantes. Les plus grands hommes essuioient de bonne grace cette tempête, tant on étoit persuadé que les commoditez des particuliers doivent être sacrifiées à la patrie, non seulement pour la sauver, c'est à dire pour l'empêcher d'être vaincuë par ses ennemis, doux ou cruels, mais aussi pour l'exempter d'inquietude. Aussi voions nous que la memoire de quelques grands hommes, d'un Coriolan, d'un Alcibiade, par exemple, qui n'aiant pu moderer leur ressentiment, ont eu recours aux ennemis de l'Etat pour se vanger des injures qu'ils avoient receuës de leur patrie, n'a pu parvenir à nous sans une empreinte ignominieuse dont les Historiens n'ont pas manqué de l'accompagner, pendant qu'ils qu'ils combloient de benedictions la memoire des Camilles & des Aristides.

Voilà, Monsieur, voilà des gens qui s'éleveront en jugement avec la Nation Vaudoise, & qui la condamneront, car ils ont connu par la seule lumiere de la nature qu'il faut suporter les defauts de son pere, & plus encore la mauvaise humeur de sa patrie; mais cette Nation, la parole de Dieu en main, n'a voulu ni avoir la complaisance pour sa patrie de se retirer ailleurs, afin de la delivrer des inquietudes & des scrupules où la difference des Religions la detenoit, ni s'abstenir des hostilitez les plus animées. Et ne me dites pas que ces bonnes gens n'ont point lu toutes ces belles maximes des anciens Païens: ce defaut de lecture n'est point capable de les excuser. Que ne les puisoient-ils à la même source de la lumiere naturelle & du bon sens, d'où les Païens les ont prises ? Et en tout cas pourquoi ceux qui dirigent leurs consciences ne les ont-ils pas avertis de ces importans devoirs, que l'on trouve si bien expliquez, & si amplement compilez dans les livres les plus vulgaires ; comme dans les Offices de Ciceron & dans le *Polyanthea* ? S'ils savent ces choses ne sont ils pas bien malheureux de ne les point faire pratiquer ? S'ils les ignorent, que sont-ils que des aveugles conducteurs d'aveugles qui tomberont, & feront tomber les autres dans la fosse, & contre lesquels l'ancienne Rome, & l'ancienne Athenes s'éleveront en jugement ?

Craignez la même chose tant pour vos Heros du temps passé, que pour vos Refugiez qui portent

tent les armes contre la France. Vos Colignis & vos Rohans ne seront-ils pas confondus au trône de Dieu par les Aristides & les Camilles, les Phocions, & les Scipions, pour n'avoir pas pu, comme ont fait ceux-cy, suporter les injures de leur patrie? Tant s'en faut qu'ils aient voulu éviter sa mauvaise humeur par un exil volontaire, qu'ils ont pris les armes dans tous les coins du Roiaume, assiegé des villes, donné des batailles, fait venir de troupes Etrangeres, porté le fer & le feu en une infinité d'endroits, se rendant coupables d'autant de meurtres, qu'ils faisoient perir de gens, car comme ce n'étoit point à eux qu'apartenoit le droit du * glaive, tout le sang qu'ils faisoient repandre étoit une infraction visible de cet ordre du Decalogue, Tu ne tue-

* Voi. cy-dessus pag. 257.

TU ERAS POINT. Et pour vos Officiers Refugiez, tant s'en faut qu'ils soient les imitateurs de ces braves Grecs & Romains, qui souffroient un exil injuste avec la même affection pour leur patrie qu'auparavant, chacun d'eux s'offre, dit-on, à montrer des gués, des chemins, des ponts, des Bayes à nos plus grands ennemis, & à les aider non-seulement de son épée, mais aussi de son industrie, & de ses intelligences pour mettre tout ici sans dessus dessous. Car on ne couche pas moins parmi vous que de nous rendre au plûtôt une Province de la Couronne d'Angleterre.

C'est de ces chimeriques & ridicules visions que l'on vous repait, en y joignant cette quintessence mystique pour calmer les remors de vos consciences timorées, que ce sera delivrer vôtre pa-

patrie d'un pesant joug, & la mettre sous une meilleure forme de Gouvernement. Grand merci, Monsieur, de vos soins si charitables : nous vous en tenons quittes, & vous rapellons à cet ancien mot, *non amo nimium diligentes.* Nous n'avons que faire de vôtre pretenduë liberté ; nous savons comment les peuples d'Irlande s'en sont trouvez, & vous avez pretendu vous mêmes bien loüer la ville de la Rochelle en publiant qu'elle n'en a point voulu. En verité vous connoissez mal le courage & l'honneur de vôtre Nation, si vous la croiez capable de vouloir être vaincuë par aucune autre, ou de se piquer de l'infame privilege d'abandonner ses Rois à la discretion de leurs Ennemis, & aux procedures d'une Cour de Justice. *Nous* * *n'avons pas ainsi apris Christ*, & s'il y a des

* *Epitr. aux Ephes. ch. 4. v. 20.*

Sectes qui *veulent être contentieuses* envers les Rois, comme ce n'est que trop le genie de la vôtre, nous vous declarons avec les paroles dont St. Paul s'est servi sur de bien moindres dissensions, * *que nous n'avons pas une telle coûtume, ni aussi les Eglises de Dieu.*

* I. aux Corinth. ch. XI. v. 16.

Aprés tout c'est une honte tant pour vous, que pour vos freres les Vaudois, que vous demeuriez si fort au dessous des Infideles en matiere d'affection envers la patrie, & vous meritez bien qu'on vous dise *que les* * *peagers & les paillardes vous devancent au Roiaume de Dieu,* puis que vous êtez si reculez en comparaison du Paganisme par raport aux devoirs de la nature. Vous ne vous souciez pas que la France & que le Piedmont soient la proie des Princes Voisins, pourvû que vous re-
cou-

* Evangile de S Matt. ch. 21. v. 31.

couvriez vos patrimoines: vous excitez tous les autres Princes de l'Europe, autant qu'il vous est possible, à bouleverser ces païs-là pour vos interêts particuliers: chacun de vous y contribuë selon ses forces, *pro sua virili*. Les Payens êtoient si peu animez de cet esprit, qu'on trouvoit bien parmi eux des gens qui êtoient morts pour leur patrie, mais presque point qui eussent voulu que leur patrie perit pour eux. *Equidem*, lisons nous dans le 45. livre de Tite Live, *pro patria qui lethum oppetissent sæpe fando audivi: qui patriam pro se perire, æquum censerent, hi primi* (savoir quelques-uns des Molosses, peuple tres barbare) *inventi sunt*.

Vous me direz sans doute qu'il y a cette difference entre les anciens Payens & les Vaudois, que ceux-cy ont souffert une injuste persecution dans leur patrie à cause de leur Religion, au lieu que Rome & Athenes ne persecutoient leurs citoiens que pour des interêts civils. Mais c'est cela même, Monsieur, qui fait la condamnation des Vaudois. Prenez la peine de peser ce qui me reste à vous dire.

Quand quelques particuliers sont mal traittez dans leur païs en leurs biens, ou en leurs personnes, ils ont plus de liberté de comparer ensemble divers moyens de s'affranchir de ce joug. Mais lors que ces mauvais traitemens tombent sur la profession de l'Evangile, il ne nous est plus permis de nous faire telle ou telle derniere ressource, puis que Jesus-Christ nôtre Souverain Maitre, le Chef & le Consommateur de nôtre foi, nous en a prescrit une clairement & distinctestinctement en ces paroles, QUAND ON VOUS * PERSECUTERA DANS UNE VILLE, FUIEZ EN UNE AUTRE. Il n'a point dit resistez à vos persecuteurs, ou si vous étes contraints de leur quitter la partie, allez vous en faire bonne provision d'armes chez quelque peuple voisin, fondez sur vos persecuteurs lors qu'ils y songeront le moins, & reprenez vos anciens postes l'épée à la main. Comment peut on donc s'attribuer le pur Christianisme, lorsqu'on a l'audace de desobeïr formellement à un des preceptes les plus clairs de Jesus-Christ?

* En S. Matth. ch. 10. v. 23.

Souvenez vous de la maniere dont vous refutez nôtre invocation des Saints : on n'en trouve, dites vous, ni commandement ni exemple dans l'Ecriture & vous pretendez que cela suffit
pour

pour en condamner l'usage, puis que les actes de Religion ne doivent avoir pour regle que la volonté de Dieu. Comment osez vous, apres avoir posé ce principe, nous soutenir que vos Ancêtres ont tres-bien fait de prendre les armes pour le maintien de leur foi contre leurs legitimes Souverains, ce qui étoit travailler directement pour la Religion, & à proprement parler, un de ces actes de Religion qui de vôtre propre aveu ne sont licites qu'entant qu'on en trouve l'ordre ou l'exemple dans la parole de Dieu ? Comment osez vous soutenir que les Vaudois ont eu raison de ne sortir pas de leurs Vallées quand leur Maitre leur a commandé ou de se faire Catholiques, ou de se retirer hors de ses Etats ? De quel droit pouvez vous dire qu'ayant été contraints d'en

sortir

sortir par le sort des armes qui leur avoit été contraire, ils ont ou s'armer tout de nouveau pour les interêts de leur Religion, & rentrer hostilement dans leurs premieres demeures que le Soûverain avoit déja données à d'autres de sa pleine & legitime puissance? Il faudroit nous montrer dans l'Ecriture ou quelque ordre d'en user ainsi, ou quelque exemple de cette conduite aprouvé par le Saint Esprit. Mais c'est ce que vous n'avez garde d'y trouver.

Si vous remontez jusqu'à Moyse extraordinairement suscité de Dieu pour la delivrance de son peuple, vous trouverez que bien loin que les Israëlites aient refusé de sortir lors que Pharao le leur commandoit, ils le suplioient au contraire de leur donner la liberté de sortir. Et ce qui est bien remarquable c'est que

que toutes les actions miraculeuses de Moïse ne tendoient qu'à obtenir de ce Prince la permission d'aller offrir des sacrifices à Dieu hors de ses Etats. Il n'en fit aucune pour faire soulever les Israëlites, ni pour les rendre victorieux de Pharao dans une guerre civile; ce qui lui auroit été aussi aisé que de convertir les eaux en sang, & de repandre sur les Egiptiens tant de fleaux celestes. C'est une chose encore plus remarquable, que Pharao, qui terrassé par tant de plaies miraculeuses, avoit enfin consenti au depart des Israëlites, temoignant neanmoins en les poursuivant qu'il revoquoit sa permission, ce peuple n'eut recours qu'à la protection de son Dieu. Moïse ne s'avisa point d'inspirer à ces fugitifs une ardeur martiale qui avec l'assistance celeste qu'il avoit en main,

main, les eust fait vaincre aisement l'armée de Pharao, il n'attendit que de Dieu la delivrance. Il est difficile de ne pas sentir dans toute cette œconomie, le dessein que Dieu avoit de nous aprendre, que les sujets ne doivent jamais s'armer contre leur Prince, soit pour sortir malgré lui hors de ses Etats, soit pour y demeurer malgré lui, mais qu'ils doivent esperer de leurs prieres & de leur sainte resignation, qu'il les delivrera de la tirannie quand il e sera tems. *J'ai tres bien * veu, dit il à Moïse, l'affliction de mon peuple qui est en Egypte, j'ai oüi le cri qu'ils ont jetté à cause de leurs exacteurs, c'est pourquoi je suis descendu pour le delivrer de la main des Egyptiens.* Mais comment le delivra t'il ? Sans qu'il en coutast aux Israëlites que des prieres à leur tiran, sans le moindre

* Exode ch. 3. v. 7. & 8.

dre coup de pierre, d'épée, ou de fleche de leur part. Dans la suitte les choses ne se passerent pas ainsi, car dès qu'il ne fut plus question de se batre contre leur Prince, Dieu ne trouva pas mauvais qu'ils eussent recours à leurs armes, du vivant même de Moïse, pour l'avancement de leurs affaires.

Et les Chrêtiens ne profiteront pas d'une leçon si parlante! Eux qui savent que Jesus-Christ a declaré formellement, que * c'est lui que l'on persecute quand on persecute son Eglise, & que les portes (a) de l'Enfer ne prevaudront point contre elle, ne laisseront point à Dieu tout le soin de punir leurs persecuteurs! *Deorum* (b) *injuria diis curæ.* Ils n'auront point assez de bonne opinion de sa sagesse pour croire qu'il n'a pas besoin de leurs armes seditieuses,
afin

*Actes des Apôtr. ch. 9. v. 4. & 5.
a Saint Matth. ch. 16. v. 18.
b Tacite annal. l. 1. c. 73.

afin d'effectuer la parole qu'il a donnée! Je vous assure, Monsieur, qu s'il n'y a pas toûjours dans les guerres que les sujets font à leur Prince pour leur Religion, beaucoup d'amour propre, d'impatience, & d'inclination aux pilleries, il y a du moins une double infidelité, l'une par raport au Prince, l'autre par raport à Dieu, car c'est temoigner qu'on se defie ou de sa veracité, ou de sa puissance. Mais continuons à chercher si l'Ecriture vous peut fournir dequoi justifier les Vaudois.

Ce ne sera point dans la delivrance de la captivité de Babylone. Le grand Dieu des armées n'inspira point aux Juifs le courage de se soulever, lors qu'il voulut delivrer son peuple de cet esclavage. Il ne se voulut point servir de leurs armes victorieuses, comme il auroit pu
le

le faire aisement, en quelque petit nombre qu'ils fussent, pour les ramener en leur Patrie: il mit seulement au cœur de leur Souverain de publier un Edit qui leur accordoit ce qu'ils souhaittoient.

Pour les guerres de Josué vous ne pouvez pas vous en faire des exemples, car 1°. il n'attaquoit point son Souverain. 2°. il ne s'agissoit point là de guerre de Religion. 3°. le peuple Juif avoit erigé un nouvel Etat Souverain depuis sa sortie d'Egypte. 4°. enfin il ne faisoit qu'obeir aux ordres precis de Dieu, auquel apartiennent tous les Roiaumes du monde.

Feuilletez tant qu'il vous plaira les livres Historiques que vous croiez Canoniques, vous y trouverez à chaque pas des Rois idolatres, & profanateurs des choses sainctes; vous y trou-

trouverez même de cruels persecuteurs des fideles, mais non pas une seule guerre civile excitée pour ce sujet, ni pas un Prophete, pas un Souverain sacrificateur qui ait dit au Peuple qu'il pouvoit se soulever contre son Roi. Cependant les loix de Dieu étoient expresses pour la punition des Idolatres, mais comme le droit du glaive ne pouvoit pas être exercé sans l'autorité du Prince, c'étoit une necessité que pendant que le Roi étoit lui même idolatre, ou fauteur des idolatres, l'execution de ces loix fut suspenduë, ce qui est un nouveau tonnerre contre vôtre pretenduë Souveraineté du peuple, contre ce pretendu droit du glaive que vous lui donnez, même pour l'exercer sur les têtes couronnées.

Il n'y a que l'exemple des Mac-

Macchabées que l'on puisse tirer en cause, mais par malheur pour vous il ne plut pas à vos premiers Reformateurs d'admettre dans le Canon des Ecritures l'Histoire de ces grands Heros. Vous y avez trouvé pour vos pechez la condamnation des chicanes que vous nous faites sur le purgatoire, & comme l'envie de nous nuire l'a emporté dans vôtre esprit sur celle de vous procurer quelque avantage, vous avez perseveré à mettre les livres des Macchabées au nombre des Apocryphes. Il est neanmoins vrai qu'ils vous étoient plus necessaires que les autres dans les besoins continuels que vous avez eus de justifier vos guerres civiles de Religion. Il paroit bien que vous avez plus cherché à nous faire du mal, qu'à vous faire du bien à vous mêmes, & il est étran-

étrange qu'une Religion aussi belliqueuse que la vôtre, & dont les fondemens, comme Theodore de * Beze s'en glorifie, ont été jettez dans les Campagnes de Dreux teintes du sang que vous aviez fait couler des veines des Catholiques qui composoient l'armée de vôtre Roi, non moins que de celui que vous y aviez perdu, n'ait point adopté pour les patrons les Saints Macchabées, & qu'au moins en leur faveur elle ne se soit pas apprivoisée à l'usage des Litanies.

* Epitre dedicat. du N. Testam. à la Reine Elisabeth.

Mais plus serieusement parlant, je ne crois pas, Monsieur, que vous deviez avoir regret à l'exclusion des livres des Machabées, car au fond que gagneriez vous par leur *Canonicité*, si je puis m'exprimer ainsi. Nous ne sommes plus sous la loi, mais sous la grace: la Morale de l'Evangile est nôtre seule regle:

regle: celle du vieux Testament n'a plus de force ni en fait de commandement ni en fait de permiſſion, qu'entant que l'Evangile lui a confirmé ſes droits. Or il eſt manifeſte par les paroles de Jéſus-Chriſt qu'il n'eſt plus permis aux Chrêtiens perſecutez par leurs Souverains d'oppoſer la force à la force, mais de s'enfuir où ils pourront. On ne peut donc plus ſe prevaloir de ce qu'ont pu faire quelquefois les Juifs : autrement il ne faudroit plus condamner la pluralité des femmes, puis qu'on en trouve des exemples dans les plus grands Saints du vieux Teſtament.

Toutes ſortes de circonſtances aggravent le crime de ces malheureux Vaudois. En 1. lieu vos principes ſont diametralement contraires à ceux des Juifs touchant la diſtinction des lieux

lieux où il faut faire le service divin. Les Juifs n'avoient qu'un temple où ils pussent prattiquer leurs principales ceremonies, & ils croioient que le même culte rendu à Dieu en Jerusalem, ou hors de Jerusalem n'étoit pas également meritoire. Vos maximes sont tout autres, & vous croiez qu'en cas de service divin le lieu n'y fait rien, & quoi que nous admettions aussi bien que vous ce qui fut dit par nôtre Seigneur à la femme Samaritaine, * vous pouvez neanmoins en pousser les consequences plus loin que nous, à cause que nôtre culte est accompagné de beaucoup de ceremonies, & que nos temples étant consacrez à Dieu avec des formalitez solemnelles, & sanctifiez d'ailleurs par la presence de l'humanité adorable du fils de Dieu, & par les Reliques, & les Images des Saints,

*L'heure vient que vous n'adorerez le Pere ni en cete Montagne ni en Jerusalem... l'heure vient & est maintenant que les vrais adorateurs adoreront le pere en esprit & en verité Evang. de S. Jean ch. 4. v. 21. & 23.

Saints, nous aimons incomparablement mieux y faire nos devotions, qu'en un lieu vulgaire. Vos Principes ne vous portent à rien de semblable. Ainsi les Vaudois n'avoient que faire de prêcher, ou de prier dans leurs villages plûtôt qu'en Suisse: ils devoient être persuadez que leur culte seroit tout aussi bon en un païs qu'en un autre. Pourquoi donc s'opiniâtrer par des motifs de Religion à ne point partir d'un certain endroit de la terre ? C'est en verité agir à la Judaïque, & s'attacher à des pierres comme à une Religion locale. *Vos tenet amor parietum*, comme S. Hilaire le reprochoit aux Catholiques de son tems.

L'Ecriture ne nous aprend-t'elle pas que les fideles sont des voiageurs & des pelerins en ce monde, qu'ils n'y ont point aucune cité permanente, & que le Ciel

Ciel est leur veritable patrie ? Pourquoi donc encore un coup s'opiniâtrer sous pretexte du pur Evangile, à ne point demordre d'un certain coin de la terre, quand le Souverain veut qu'on en sorte ? Les Payens viendront encore sur les rangs pour vous condamner, car si d'un côté leur Morale nous ordonne d'aimer nôtre patrie & de lui sacrifier tout excepté Dieu, elle veut de l'autre que quand on est obligé de la quitter, on se soumette de bonne grace à cette necessité, & qu'on s'imagine qu'on est citoyen du monde, & que l'on peut trouver par tout son pays natal. *Omne solum* * *forti pro patria est ut piscibus æquor.*

* Ovidius Fast. lib. 1.

En 2. lieu les Vaudois n'avoient pas sujet de craindre qu'en obeissant à leur Maitre, ils ne tombassent entre les mains des sauvages, ou à tout le moins sous le joug de quelque autre Nation persécutrice, qui les reduiroit à une disette extrême de la parole de Dieu, car ils avoient à leur porte les Cantons Protestans, où ils pouvoient avoir tout leur saoul de prêches & de chant de pseaumes, avec toute sorte de liberté & de bon accueil. On ne peut donc s'empêcher de croire que toute autre chose que l'attachement à leur Religion les a portez à prendre les armes pour ne pas quitter leur patrie.

Enfin des gens qui se trouvoient parmi leurs freres, & qui au moien des Collectes faites pour eux en des païs riches, pouvoient se mettre en état de gagner leur vie avec autant de commoditez que parmi les rochers affreux de leurs anciennes habitations, auroient ils mieux aimé s'engager à faire la guerre

à

à leur patrie, que travailler à leur salut dans une retraitte tranquille, & abondante en Sermons, s'ils étoient bien animez de l'Esprit Evangelique? Cet esprit ne porte point à la profession des armes, car encore que la guerre ne soit point un genre de vie incompatible avec la vertu, neanmoins les occasions du vice y sont si frequentes, & les aides de la vie spirituelle si rares qu'un homme qui aura tant soit peu de sens commun, & un veritable desir de faire de continuels progrez dans la pieté ne choisira jamais les armées pour son Ecole. Je ne parle point ici de ceux qui prenent les armes pour la defence de leur patrie, & par ordre du Souverain, & quoi qu'il en soit je fais juge qui on voudra si les Vaudois ne pouvoient pas mieux nourrir dans leur ame en se tenant en repos parmi les Suisses

…es, l'humilité, la patience, l'oubli des injures, la debonnaireté, & les autres vertus que Jesus-Christ & ses Apôtres nous ont recommandées plus que toutes choses, comme le vrai Caractere des enfans de Dieu, qu'en menant la vie qu'ils menent, toûjours alerte pour tuer, piller, saccager : toûjours dans la haine actuelle de son prochain, dans l'esprit de vengeance, & de cruauté. Il est donc tres apparent que toute autre chose que le Zele de Religion les a fait retourner à main armée dans leur patrie.

Qu'on ne me dise point qu'ils ont peché par ignorance : la Loi éternelle de l'ordre qui raisonne dans l'esprit & dans le cœur de tous les hommes, & principalement lors qu'ils ont lû l'Ecriture Saincte, ne permet pas qu'on refuse son * aprobation

* J'entens une aprobation semblable à celle qui fait

bation aux paroles du Ministre Claude que j'ai déja citées, & qui ont sans doute passé sous les yeux de tous les Vaudois qui savent lire. *Dans la Societé Civile*, dit-il, *les particuliers doivent souffrir les injustices qui leur seront faites plûtôt que de troubler la paix de tout le corps, parce qu'ils peuvent souffrir des injustices sans les aprouver, & que s'ils le font leur mal n'est pas sans remede, puisque Dieu qui est le Protecteur des innocens oppressez, les pourra toûjours dedommager avantageusement de toutes leurs pertes.*

dire comme Medée, *video meliora proboque, deteriora sequor.*

CONCLUSION.

IL A FALU, Monsieur que je m'étendisse sur l'irruption de ces gens là, afin qu'en vous montrant combien sont horribles les fruits de vos systemes de Rebel-

Rebellion & d'Anarchie, je vous portasse plus aisement à desavoüer les defenseurs de ces mechantes doctrines, dont ils tâchent de repandre les sanguinaires effets par tout ce Roiaume.

Vous voiez presentement, en quoi consiste la *Quarantaine* que les Catholiques les mieux intentionnez pour vous souhaitent que vous fassiez avant que de mettre le pied en ce Roiaume, c'est de protester publiquement ou que vous n'avez jamais aprouvé les libelles diffamatoires & seditieux que vos Auteurs ont publiez par monceaux, ou que vous avez un veritable repentir de les avoir aprouvez, & un regret extreme de n'avoir pas connu le mal qu'il y avoit là dedans, ou de n'avoir pas eu la force de crier contre. On ne peut gueres avoir de regret

mieux

mieux fondé que celui là, car enfin l'arrêt fulminant de S. Paul que les * medisans n'heriteront point le Roiaume de Dieu, ne tombe t'il pas avec une rigueur particuliere sur ceux qui publient des satyres contre les Rois & contre les personnes constituées en dignité ? Et peut on exciter les peuples à la revolte sans revetir de simples particuliers du droit du glaive que Dieu n'a donné qu'aux Souverains dans chaque Etat, & sans leur donner puissance de vie & de mort sur tout un peuple, ce qui étant d'un côté une usurpation infame d'un droit qui ne nous apartient pas, ne peut empêcher de l'autre que ceux qui se servent de ce malheureux droit usurpé ne commettent autant de brigandages & de meurtres, qu'ils pillent, & qu'ils font perir de gens. Ce ne sont donc

* I. aux Corinth. ch. 6. v. 10.

pas de petits pêchez & de simples abus de son loisir que tous ces libelles qui tendent au soulevement des peuples. Ce sont de vrais pillages & de vrais meurtres conseillez. Or en toute bonne justice celui qui pousse les autres à derober & à tuër, ne vaut pas mieux que celui qui derobe & qui tuë, & selon la doctrine de * S. Paul, on merite la mort éternelle non seulement lors que l'on commet les crimes dont il fait là le denombrement, & parmi lesquels il met la medisance, l'injure, les querelles & les homicides, mais aussi lors que l'on aprouve ceux qui les commettent. Vous ne pouvez donc être à l'abri de ces foudres de S. Paul si vous aprouvez les calomnies, les injures, & les doctrines anarchiques que vos Ecrivains ont publiées & qu'ils publient encore tous les jours,

&

* Epitr. aux Rom. ch. 1. v. 32. où on lit selon la vulgate, qui talia agunt digni sunt morte, non solum qui ea faciunt sed etiam qui consentiunt facientibus. Voi. cy-dess. p. 233.

& pour ce qui est de vos Synodes, on ne comprendra jamais qu'ils soient innocens de ce grand mal. On sait assez que lors que des superieurs laissent faire, c'est à peu pres tout autant que s'ils faisoient. *Non multum interest*, a dit sagement Ciceron, *præsertim in Consule utrum ipse perniciosis legibus improbisque concionibus Rempublicam vexet, an alios vexare patiatur.*

Quel oubli, bon Dieu! de ce grand devoir que S. Paul ordonne si expressement aux Pasteurs de mettre devant les yeux de leurs Oüailles. *Admoneta les*, dit-il à son * Disciple Tite, *qu'ils soient sujets aux Principautez & Puissances, qu'ils soient prêts à toute bonne œuvre; qu'ils ne* MEDISENT DE PERSONNE, *qu'ils ne soient point querelleux, mais benins &*

* Chap. 3. v. 1. & 2.

montrans toute debonnaireté envers tous les hommes. Il faut bien que vous soiez incorrigibles sur cette matiere, puis que nos censures & nos reproches n'ont pu rien gagner sur vous. Nos Ecrivains n'auront rien à se reprocher, ils ont fort bien obei à ce precepte du même Apôtre, *insiste * en tems & hors tems, repren, censure, exhorte en toute douceur d'esprit, & de doctrine.* Il y en a eu même qui l'ont pris sur un ton un peu emporté, desorte qu'on vous a prêchez en toutes façons sur le trop grand penchant qui predomine dans vôtre secte vers la satyre & la prise d'armes contre vos Rois. Faites, Monsieur, qu'au moins en cette année 1690. que nous commencons il paroisse quelque amendement en vous sur cet article. Il n'est jamais trop tard d'entrer dans le bon chemin. *Nun-*

* *Epitr. à Timoth. ch 4. v. 2.*

Nunquam sera est ad bonos Mores via:
Quem pœnitet peccasse pœne est innocens.

J'avouë franchement que cela ne pourroit pas effacer de l'ame des Catholiques le prejugé qu'ils forment contre vôtre secte sur ce qu'elle a eu recours aux soulevemens, & aux guerres plus que civiles, pour s'établir dans les lieux où la puissance Souveraine ne lui étoit pas favorable. On se souvient trop de ce grand & de ce divin caractere que Jesus-Christ a voulu que son Église portast comme une preuve incontestable de sa divinité, c'est de n'opposer à la fureur des persecutions les plus enragées que la patience, & de triompher neanmoins de la Religion persecutrice, jusqu'à la voir abandonnée par ses propres Empereurs. Voila comment l'Evangile s'est établi dans le monde : voila ce qu'on aura toûjours raison d'exiger comme la pierre de touche de leur Mission, de tous ceux qui viendront dire que Dieu les a suscitez pour le retablissement de la Religion Chrêtienne ; & faute par eux de se montrer marquez à ce divin coin, on sera toûjours en droit de rejetter leurs innovations sans une plus ample enquête. Enfin voila par où vous perdez vôtre procez dans les Tribunaux Catholiques. C'est un peché originel dont la tâche vous suivra jusqu'à la fin des generations, & servira de preuve que vôtre secte n'est pas une branche legitime de la famille Chrêtienne. On ne laisse pas de vous exhorter aujourdhui fort serieusement pour vôtre bien

bien à ne point joindre le peché actuel de la rebellion à cette tâche originelle.

On n'ignore pas que pour justifier vos Ancêtres vous alleguez la dureté du Gouvernement, l'intrusion de Messieurs de Guise dans le Ministere, la revocation des Edits, & telles autres raisons. Mais sans entrer ici dans la discussion du fait, comment voulez vous qu'on se * paie de semblables excuses, quand on sait que la primitive Église n'a point cru que des raisons encore plus fortes pussent la dispenser de sa soumission aux ordres de Jesus-Christ concernant la patience, l'humilité, & le mepris de la vie? Est ce que les Chrétiens des 3. premiers siecles n'avoient pas obtenu des Edits tres-favorables que l'on cassoit autant de fois qu'on renouvelloit contre eux les persecu-

* Joignés à ce si ce qu'on a déja repondu cy-dessus pag. 42. 49. & suiv.

sécutions? Est ce que les persécuteurs Païens n'étoient pas plus chargez de toute sorte de vices & en particulier de celui de cruauté que les persécuteurs de vos Ancêtres? Est ce qu'il étoit moins permis à ceux qui selon les loix de ce Roiaume, avoient en main le Gouvernement, de se servir du Ministere de Messieurs de Guise, originaires d'Etrangers, mais nez en France, & Alliez à la famille Roiale, qu'aux Empereurs de Rome de confier telles charges que bon leur sembloit à leurs amis de quelque nation qu'ils fussent?

Il y a bien plus. La confusion a été si grande pendant les 3. premiers siecles dans l'Empire Romain, que la plûpart des Empereurs ne devoient leur dignité qu'à la mutinerie des Soldats; de sorte que sans être aussi pointilleux & formalimalistes que vous l'étes à l'égard des Rois Catholiques, ou debonnaires aux Catholiques, (car pour ceux qui se declarent grans ennemis du Papisme vous n'y regardez pas de fort prés) & sans remonter à vos pretendus contracts Originaux entre les Rois & les peuples, il y eust eu beaucoup d'Empereurs en ce temps là que l'on auroit pu traitter raisonnablement de veritables usurpateurs. Cependant les premiers Chrêtiens ne se sont jamais prevalus de ces plausibles pretextes pour se procurer par leurs armes un peu de bon tems: ils n'ont même jamais voulu se ranger du parti de l'un des * competiteurs de l'Empire, quoi qu'ils eussent pu esperer en s'y rangeant de faire pancher la balance de son côté, & s'aquerir par ce moien un grand Protecteur sur

* Circa Majestatem Imperatoris infamamur: tamen

sur le trône. Ils se remettoient sur tout cela à la bonne providence de Dieu, & ainsi toute sorte de circonstances nous font voir dans le parallele entre eux & vos Peres, que le ciel n'est pas plus éloigné de la terre, que la conduitte des anciens Chrétiens est éloignée de celle des anciens Calvinistes.

Vous le sentez bien & c'est pour cela que pour derniere ressource vous vous avisez d'attribuer à pure impuissance, & au sentiment de leur foiblesse, ce que les premiers Chrétiens ne se sont pas soulevez, & quand on vous objecte * Tertullien qui à la face du Ciel & de la Terre s'est vanté de leur multitude & de leurs forces, vous repondez en un mot que c'étoit un Declamateur, & vous ne prenez pas

nunquam Albiniani, vel Nigriani, vel Cassiani inveniri potuerunt Christiani. Tertull. ad Scapulam.

* *Hesterni sumus & vestra omnia implevimus, urbes, insulas, castella, municipia, conciliabula, castra ipsa, tribus, decurias, palatium, senatum, forum, sola vobis relinquimus templa.* Id. Apologet. 2.

pas garde que vous ruïnez par ce moien un des plus puissans argumens dont on ait coutume de se servir pour * prouver la divinité de l'Evangile. C'est en vertu de ses progrez, & de sa prompte étenduë que les (a) Peres lui apliquent les Oracles des Prophetes pour confondre les Juifs, les Payens, & les Heretiques: & rien ne frappe d'avantage toute sorte d'esprits que la certitude de ce fait. Ne vaudroit il donc pas mieux vous humilier sous le sentiment de vôtre impatience, que de ravir à l'Eglise le plus beau fleuron de sa Couronne, & l'une des plus éclatantes livrées de sa divinité, qui est d'avoir mieux aimé souffrir l'injure, que la repousser avec les forces qu'elle avoit aquises suffisamment pour cela au milieu des plus rudes persecutions. Si vous étiez comme

* V. Grotius de verit. Relig. Christ. lib. 2. p. m. 81. a Voiez en les preuves dans les notes de Grotius sur ce Traitté là, & plus amplement dans le P. Thomassin de l'unité de l'Eglise I. part tome 2.

comme nous les veritables enfans de cette Mere, vous ne seriez pas si peu jaloux de son honneur, & vous aimeriez mieux avoüer vos fautes, que vous en justifier par la raison qu'elle en auroit été complice. Vous ne lui disputeriez pas la gloire d'avoir reconnu la domination de Julien l'Apostat le plus dangereux Persecuteur qu'elle eût éprouvé encore, vous n'iriez pas, dis-je, lui enlever cette gloire, en tant qu'en vous est, par des consequences * en l'air tirées de quelques exclamations, & de quelques fleurs de Rhetorique dont S. Gregoire de Nazianze s'est servi dans une piece manifestement destinée à l'invective. Ne faut-il pas avoir une passion extravagante de charger l'ancien Christianisme du crime de rebellion, lors que ne pouvant disconvenir qu'il n'ait été actuel-

* C'est ce qu'on a fait dans le libelle dont il a été parlé cy-dessus pag. 212. intitulé Julien l'Apostas ou Abregé de sa vie.

actuellement soumis à un Apostat declaré, on recourt à des conjectures fondées sur des morceaux de Harangue, & qu'on abuse de la mollesse avec quoi un Historien a répondu au Sophiste Libanius qui pour diffamer l'Eglise avoit imputé la mort de cet Empereur à quelque Soldat Chrêtien. Il n'y a que des Auteurs comme Mariana desavoüez de leur corps, & trop licentieux à soumettre la vie des Princes au couteau des Poltrots, & des Ravaillacs, qui aient abusé de ces sortes de passages, & personne n'a plus crié que * vous contre de tels Ecrivains lors qu'ils ont été Catholiques. Mais vous oubliez tout dés qu'il s'agit de vos interêts. C'est une idole à laquelle vous sacrifiez vos propres livres, & semblables

* Voiez entre plusieurs autres George Hakewil Theologien d'Oxford dans son Scutum Regium, prouvant au ch. 3. du liv. 3. la fidelité des Chrêtiens pour Julien l'Apostat,

bles à ces personnes * qui se soucioient peu que tout perist lors qu'ils periroient eux-mêmes; peu vous importe que la gloire du nom Chrétien perisse, quand vous ne voiez plus de jour à sauver celle de vos Ancetres.

Mais Monsieur, ne parlons plus de l'autre siecle : *que le temps passé vous ait suffi pour accomplir les convoitises de vôtre chair.* Nous vous pardonnons tous les ravages que vos Amiraux de Chatillon ont causez dans cet Etat; nous en remercions même la bonté de Dieu, puis qu'il a permis que par cette empreinte de rebellion, il fust aisé de vous connoitre pour des schismatiques: c'est un *stigmat* marqué sur vôtre front comme sur celui des esclaves fugitifs afin de les pouvoir discerner. Le peuple auroit eu trop de peine dans

Illa vox scelerata atque inhumana eorum, qui negant se recusare quominus ipsis mortuis terrarum omnium deflagratio consequatur: quod vulgari quodam versu Græco pronunciare solent. Cicero l. 3. de finib. Voici le vers que Tibere avoit souvent à la bouche

Avis aux Refugiez. 311

dans ce discernement, si avec la guerre que vous vintes declarer à la corruption des mœurs, tonant d'une extréme force contre la vie dereiglée des Ecclesiastiques, leur permettant à la verité le mariage, mais sous pretexte d'une chasteté plus asseurée, condamnant le cabaret, le jeu, la danse, ne jurant que *certes*, ne parlant que de pure parole de Dieu, de reformation &c. si, dis-je, avec un debut si éblouïssant vous eussiez pu imiter la constance de la primitive Eglise. On vous eust pris alors pour de veritables Reformateurs envoiez de Dieu. On eust crié par tout, *habeat jam Roma* * *pudorem, tertius e Cœlo cecidit Cato*, & humainement parlant l'Eglise Romaine n'auroit pas tenu contre vous: tous les peuples auroient couru après ces masques si ressemblans aux premiers

au raport de Dion li. 57. ἰμῦ θανόντ⊙ γαῖα μιχθήτω πυρί.

* *Juvenal Saty. 2.*

miers Chrêtiens. Mais la providence de Dieu y remedia, & comme on dit que le demon qui se transfigure quelquefois en Ange de lumiere, retient toûjours quelque marque de distinction, Dieu permit qu'il parut dans vôtre secte deux marques d'humanité dont il preserva l'Evangile. L'une étoit qu'avec ses innombrables libelles elle dechiroit comme à belles dents les Rois & les Princes, & tout ce qui se rencontroit en son chemin: l'autre qu'elle ne * s'établissoit ou que par l'autorité du bras seculier, ou que par la destitution des Princes qui ne vouloient pas la suivre, ou enfin que par des armemens si formidables que les Princes se voioient reduits à la necessité de la souffrir.

A ces 2. marques nos peuples vous ont aisement distinguez des Refor-

* Le x. de ces trois cas est pour les païs où les Souverains embrassoient eux mêmes le Protestantisme: le 2. c'est

Avis aux Refugiez.

Reformateurs envoiez de Dieu, sans s'embarrasser de la discussion des Controverses. Ils ont veu que toute vôtre austerité contre les danses, le luxe des habits, la bonne chere & les juremens n'étoit qu'un Pharisaïsme coulant le moucheron & engloutissant le chameau, puis que les mêmes gens qui faisoient scrupule d'aller au bal, ou au cabaret, ou de jurer plus que *certes*, n'en faisoient point de prendre les armes contre leur Prince, c'est à dire de piller & de tuer leurs concitoiens. Que pouvoit-on juger de ces Casuistes qui, aprés avoir si odieusement reproché au Pape qu'il s'élevoit au dessus de Dieu, qu'il dispensoit des loix de Dieu, consentoient aux guerres civiles? Ce qui étoit declarer à un tres grand nombre de particuliers qu'ils pouvoient saccager

veu en Ecosse, à Geneve &c. le 3. en France.

O les

les maisons de leurs Compatriotes, & tremper leurs mains à toute heure dans le sang de leur prochain sans transgresser ces deux preceptes de la Loi de Dieu, TU NE DEROBERAS POINT. TU NE TUERAS POINT. Le Roiaume s'est senti long temps des affreuses desolations qu'il souffrit alors, mais je le repete encore une fois, nous nous en consolons par le bon effet qui en resulta & qui en resulte encore d'aider les peuples à discerner les Schismatiques.

* Lucanus Pharſ. l. I.

Jam nihil, O ſuperi* querimur:
  ſcelera ipſa nefaſque
Hac mercede placent.

Oublions donc le passé & ne songeons qu'au present. Ne songez plus, Monsieur qu'à meriter un favorable rappel en mon-

montrant que vôtre exil ne vous a point infectez de maximes pernicieuses au Gouvernement de France. Jettez les yeux sur ces grands originaux que l'Ecriture & la primitive Eglise vous proposent. Voiez en particulier les lettres que S. Cyprien écrivoit dans des circonstances assez semblables à celles cy ; vous n'y verrez point qu'il promette le secours des Princes voisins, qu'il prepare les gens à une guerre civile, qu'il les console de ce qu'ils sont desarmez en leur promettant que les ennemis de l'Etat leur apporteront assez d'armes. Ne jettez poins les yeux sur ce qu'ont pu faire les Chrêtiens du bas Empire, ou sur ce qu'on peut avoir fait & dit dans l'Eglise Romaine en certains temps. Ce ne * font point là des patrons pour vous, puisque vous devez croi-re

* Joignez à ceci ce qui a été dit cy-dessus p. 46.

re selon vos Principes que le regne de l'Antechrist est établi dans l'Eglise depuis plus de 12. cens ans. Sieroit-il bien à la fille de Sion de se parer des atours de la prostituée Babylonienne ? Et peut-on voir d'aveuglement plus étrange que cette maniere de raisonner ; *les Papistes que je crois Membres de la plus méchante Eglise qui fut jamais, font bien ceci & cela, & je me suis même separé d'eux à cause qu'ils le font & qu'ils l'aprouvent ; donc je dois le faire ?*

Il y a un an que si je vous avois exhortez, comme je fais à cette heure, à des demarches capables de faciliter vôtre retour, vous m'auriez peut être bien relancé : alors vous ne parliez que de rentrer par la brêche comme des Athletes victorieux, & de donner la loi au lieu de la recevoir. Je pense que presentement l'on l'on a rabatu quelque chose de ces pretensions, & qu'ainsi mes avis vous trouveront plus dociles.

Il est vrai que nos Ennemis paroissent extrêmement contens de la derniere campagne, mais je vous asseure, Monsieur, que nous le sommes encore plus qu'eux, & avec plus de raison qu'eux.

Car aprés tout qu'est ce qu'ils ont fait. Ils ont pris deux Villes, Maience & Bonn, non pas en les assiegeant tout à la fois, mais en se contentant de tenir l'une bloquée, pendant qu'on assiegeoit l'autre, & il leur a falu tant de troupes pour venir à bout de Maience, ville tres mediocre en fait de fortifications, qu'on a été obligé de laisser à nôtre discretion tous les païs d'entre le Rhin & le Neckre. Outre cela ce sont deux villes que nous n'avions pas deſſein de garder, ainſi nous n'avons traverſé en aucune maniere les aſſiegeans: ils n'ont eu à parler qu'à la garniſon, ils avoient toute ſorte de commoditez derriere eux, & neanmoins ils ont eu là deux os à ronger pour le fruit de toute leur campagne.

Voila ce qu'ont fait les Allemans. Pour ce qui eſt des Eſpagnols, ils ont fait demolir en Italie les Fortifications d'une place qui ne nous apartenoit pas, & ils ont batu en Catalogne nôtre arriere garde, uniquement ſur le papier de vos Gazettes. En Flandres avec la jonction de leurs Alliez ils n'ont ſu gagner un pouce de terre: tous leurs exploits ſe ſont reduits à ſe plaindre que l'envie qu'ils avoient de donner bataille n'a pu s'effectuer, parce qu'ils avoient été long-

long-tems en plus petit nombre que les François, & qu'enfin quand ceux-cy se sont veus inferieurs en nombre, ils se sont campez trop avantageusement. Ces excuses ne sont elles pas bien de mise quand on les compare avec vos Gazettes qui ne cessoient de publier que les maladies, les desertions, les detachemens diminuoient à veuë l'armée du Maréchal d'Humieres? On en est venu jusqu'à debiter qu'il avoit été contraint de mettre dans les Garnisons du païs conquis si peu de troupes qu'il avoit de reste.

En Irlande les exploits du Marechal de Schomberg se sont reduits à des excuses sur le petit nombre de troupes qu'il avoit en comparaison du Roi Jaques: ce qui étant comparé avec vos Gazettes ne peut que produire un plaisant effet, avec vos Gazettes, dis-je, où l'armée de ce Prince avoit toûjours paru la plus méprisable du monde, mal en ordre, ravagée par les maladies, & par la disette, extrémement diminuée par la defaite de plusieurs gros detachemens; en dissipation continuelle par les desertions; par la mauvaise discipline des Irlandois, & par leur mesintelligence avec nos troupes, qui sont tout à fait imaginaires, le Roy n'ayant encore envoié aucun soldat en ce pays là. Vos Nouvelistes Raisonneurs ne laissent pas de nous insulter de ce que la France n'a pû chasser de cette Ile tous les Anglois. N'est ce pas un beau sujet de s'aplaudir? N'est ce pas un Original de ce Proverbe, *qui me doit me demande.*

Vos Principaux exploits de mer ont été l'arrêt de quelques Vaisseaux Marchands Danois & Sue-

Suedois, qui ne songeoient à rien moins qu'à se battre, & quelques prises faites sur nous par vos Armateurs tres inferieures & pour le prix & pour le nombre à celles que nos Armateurs ont faites. Il est vrai que sans combat, & par un pur coup de bonheur on s'est rendu Maitre au Cap de bonne esperance de deux de nos vaisseaux richement chargez, qui y avoient relâché comme en un pays ami.

Voions maintenant ce qui a été fait par nos armées.

Celle de Catalogne a pris une ville, a fait païer beaucoup de contributions, a sejourné quelque tems sur les Terres de l'Ennemi, a secouru la même ville assiegée par les Espagnols, l'a dementelée à leur barbe, & s'est retirée en bon ordre dans le Roussillon. Car pour cette defaite de nôtre Arrieregarde

O 5 dont

dont vous avez tant parlé, c'est un évenement qui n'a subsisté qu'en idée, & je m'étonne qu'aprés que vos donneurs de * *billevesées hebdomadaires*, eurent donné dans ce paneau, ceux qui viennent au bout du mois commenter leur texte, & dogmatiser en politiques sur leur raport, n'aient pas rectifié ce faux pas, & que ceux mêmes qui font les capables sur le metier de la guerre n'aient pas consideré qu'entre les mille ou 12. cens hommes qu'on pretendoit que nous y avions perdus, il se seroit necessairement trouvé quelques Officiers assez remarquables pour meriter que le vainqueur mist leur nom ou dans la liste des Morts, ou dans celle des prisonniers. Cela seul qu'on n'a pu nommer personne pris ou tué dans cette pretenduë defaite, en montre manife-

* C'est ainsi que Sarrazin nomme la Gazette dans la Pompe funebre de Voiture.

nifestement la supposition à tous ceux qui savent que les manieres des François sont de perdre plus de gens de marque à proportion que de soldatesque, lors même qu'ils vainquent le plus hautement. Que dirai-je de la mauvaise foi de ces Nouvellistes qui faisant mille reflexions tirées par les cheveux, n'ont point fait celle-cy qui se presente d'elle même, c'est que les Espagnols aiant assiegé Campredon, & les François y ayant jetté du sècours, & en ayant en-suite retiré leur garnison avec les munitions de guerre, apres avoir fait sauter le Château, c'est une preuve indubitable que le siege étoit levé, ce qui passe constamment pour un désavantage tres réel?

Nôtre Armée de Flandres a presque toûjours campé sur le pays ennemi, & a fourragé souvent jusqu'aux portes de Bruxelles.

Vers la Moselle nos troupes ont été continuellement sur les Terres Allemandes.

L'armée du Rhin a ruiné un tres grand nombre de places au delà de ce fleuve, qui auroient fourni de tres bons quartiers d'hyver aux Allemans; elle les a dis-je, ruinées aprés avoir fait prisonniers les soldats qui y étoient en garnison, & qui se sont montez à 4. ou 5. mille.

Nos armemens de mer ont été si formidables, que les flottes ennemies n'ont osé s'éloigner guere de leurs rades. Nôtre Escadre de Provence s'est venu joindre avec les vaisseaux du Ponent dans le port de Brest, à la veuë pour ainsi dire des ennemis. Nous avons fait passer en Irlande le Roi d'Angleterre sans aucune opposition, & lorsqu'on a voulu s'opposer au debarquement d'un grand Convoi que

nous

nous envoïons à ce Prince, on n'a eu que la honte de se retirer aprés un combat dont la meilleure chose que vous puissiez dire, c'est qu'il ne vous a servi de rien, vous consolant d'ailleurs, & vous excusant sur ce que nos forces étoient superieures aux vôtres, & refutant ainsi les Nouvelles que vous affectez de repandre dans le monde, que nous ne trouvons point de matelots, que nos équipages de mer sont miserables &c.

Ce devroient être, Monsieur, de tres grandes mortifications pour nos Ennemis, quand même ils n'auroient pas fait sonner bien haut leurs menaces & leurs esperances. Mais où sont les abymes assez profonds pour vous cacher dans la confusion où vous devez être aprés un si prodigieux mécompte. Vos pretensions n'alloient pas à moins l'hyver dernier qu'à voir toute la France renversée, & le Prince d'Orange couronné à Paris, avant la fin de la Campagne: vous aviez déja donné les ordres dans vos conversations pour brûler Versailles: les debarquemens sur toutes nos côtes se faisoient en un clin d'œil, sans que nos Vaisseaux de guerre osassent sortir de nos Ports; chacun de vous esperoit de venir faire sa recolte, ou à tout le moins ses vendanges: une telle armée devoit prendre sa route par le païs d'entre Sambre & Meuse, & aller tout droit à Paris; une autre par la Lorraine, & une autre par la Franche-Comté avoient le même Rendez-vous: en un mot dans un pays où l'on trouve autant d'Asseureurs qu'on veut à deux pour cent pour les navires les plus exposez à tous les perils de de la mer, on ne trouvoit personne * qui voulust gager simple contre double, que Paris ne seroit pas au pouvoir des Alliez avant la fin de l'année 1689.

J'ai oublié à parler des Suisses que vous envoïiez au nombre de 50. mille planter le piquet à Lyon, afin de se repandre après la prise de cette importante Place dans les Sevennes & le Languedoc, & se venir joindre en Guienne suivis de vos freres soulevez en toutes ces Provinces aux troupes que les Anglois auroient debarquées dans le Medoc, & à celles que les Espagnols feroient entrer par la Navarre. Il faloit avoir méchante opinion des Suisses, pour les croire capables d'un tel dessein. Peuvent-ils dire que jamais la France leur ait fait le moindre tort? Et ne sont ils pas une refutation incontestable de ce que nos

* C'est ce que portent plusieurs lettres écrites de Londres & d'Amsterdam.

nos Ennemis affectent de publier, que nous sommes de mauvais voisins? Qu'ils nous montrent un seul village que la France ait usurpé ou sur le Duc de Savoie, ou sur la Republique de Geneve, ou sur les Suisses. On en defie toute la terre, d'où il s'ensuit qu'il n'a tenu qu'au dernier Duc de Lorraine de posseder tranquillement tous ses Etats, & que s'il avoit voulu garder une exacte neutralité, la France ne lui eust jamais fait aucun mal. Encore est il vrai qu'il a reçu des Espagnols un traittement beaucoup plus indigne que de nos Rois. Revenant aux Suisses vous ne sauriez nier que vous n'aiez eu la honte l'année passée de voir échoüer chez eux tout à la fois les mauvaises prattiques de la Maison d'Austriche, celles des Etats Protestans, & celles du Pape, qui sans songer qu'à qu'à son âge on se doit regarder à 2. doigts du Tribunal de Dieu tachoit d'allumer encore le feu de la guerre dans ce petit coin du monde, à l'inevitable prejudice de l'Eglise dont Dieu l'avoit établi le Chef.

Pour mieux vous representer (& pourtant sans aucun dessein d'insulte) les sujets de mortification que nos Ennemis ont eus dans leur premiere Campagne, je fais encore deux observations.

La 1. que le Roi s'est trouvé contraint d'entrer en guerre sans avoir eu le tems de bien travailler aux preparatifs; au lieu que ses ennemis, qui couvoient depuis long-tems cette entreprise, ont eu tout le loisir necessaire pour s'y preparer. Le Roi content de la gloire qu'il s'étoit aquise en 1678. de faire accepter à ses Ennemis la paix dont il avoit proposé les conditions,

&

& d'avoir auſſi heureuſement triomphé des intrigues de ceux qui pour leur interet particulier vouloient perpetuer la guerre, qu'il avoit triomphé de leurs armes en toutes rencontres ; ne ſongeoit qu'à maintenir la paix de l'Europe, ſon Ouvrage favori. Cela parut manifeſtement ſix ans aprés, lors que les mêmes perſonnes qui trouvoient leurs avantages domeſtiques dans les troubles de la guerre lui ayant fourni l'occaſion la plus favorable d'achever la conquête du Païs-bas, il ne voulut point s'en prevaloir, & s'apliqua uniquement à les vaincre & à les mortifier par des coups de Cabinet, faiſant conclure une Treve de 20. ans en depit de leurs cabales. Il ne ſongea depuis qu'à l'interieur de ſon Roiaume, & ſa grande affaire fut la reunion de tous ſes ſujets à l'Egliſe Catholitholique. Mais pendant qu'il ne songeoit qu'à vivre en paix avec ses voisins, & que pouvant avec la derniere facilité affoiblir la Maison d'Austriche, il la laissoit agrandir autant qu'elle pouvoit, ses ennemis lui preparoient sourdement la plus generale conspiration qui ait jamais été machinée, & d'une maniere d'autant plus dangereuse, qu'elle devoit commencer par une entreprise qui paroissoit incroiable de quelque côté qu'on l'examinast. De sorte qu'encore que les Ministres du Roi lui en aient donné avis de fort bonne heure, il n'a pu se persuader que fort tard, que cela eust quelque apparence. Il le regardoit comme une de ces accusations calomnieuses à qui leur propre enormité sert d'Apologie, *quæ ipsa atrocitate defenduntur,* * *& ipsa magnitudine fidem non*

* C'est ainsi que parle Quintilier.

non impetrant. Mais enfin il l'a falu croire quand on a veu tous les Princes Protestans d'Allemagne assembler leurs troupes, afin de couvrir la Hollande qui faisoit des preparatifs prodigieux pour commencer en Angleterre le premier exploit de la ligue. On ne peut nier que la plus profonde dissimulation n'ait regné dans cette trame : rien n'y a été oublié de ce qui pouvoit empêcher qu'on n'en formast des soupçons : on s'est avisé même d'en avertir le public dans des Almanachs, & dans des lettres supposées à un Quaker.

L'évenement a fait voir que non seulement tous les Princes Protestans ont été de ce complot, mais aussi la Maison d'Austriche. Quelle apparence qu'on se fust engagé à l'entreprise d'Angleterre sans avoir parole de l'Empereur qu'il occuperoit la France le plus qu'il pourroit du côté du Rhin. Ainsi le jour même que le Roi n'a pû douter qu'on n'en voulût a l'Angleterre, il a été, & il a du être persuadé que toute l'Allemagne étoit liguée contre lui. Il ne manqua pas de decouvrir d'un coup d'œil le vrai moien de faire avorter ce grand complot, qui étoit de donner au Roy d'Angleterre un puissant secours : mais ce Prince qui devoit connoitre par tant de facheuses experiences le genie de ses sujets mieux que nous ne le connoissions, en jugea pourtant plus faussement que nous ne fimes. Il s'y fia, il ne voulut point entendre parler du secours de France, & ruïna ainsi ses affaires.

Sur le refus qu'il fit de nos Trouppes, il falut brusquement & tumultuairement prevenir d'un autre côté la furieuse tem-

tempête qu'on avoit preparée de longue main contre la France; c'est à dire qu'il falut fort à la hate fermer le Rhin aux Allemans qui avoient dessein de venir prendre par surprise leurs quartiers d'hyver en Lorraine & en Alsace.

Quand les Ennemis si bien preparez à nous surprendre auroient fait de grands progrez sur nous la premiere année, il n'y auroit pas lieu de s'en étonner; mais il est fort étonnant qu'ils en aient fait si peu, & rien ne peut être plus glorieux que de voir qu'un Prince qui ne songeoit qu'à la paix, ait pu faire dés le commencement la resistance qu'il a faite, & reparer en partie les mauvaises suittes du refus de son bon conseil.

Ma 2. observation fondée sur la multitude prodigieuse d'ennemis

Avis aux Refugiez.

nemis qui s'est liguée contre le Roi, mettra tout ceci dans un meilleur point de veuë. Il faudroit presque imiter les poëtes, si on vouloit compter tous les Princes qui sont entrez dans cette ligue, & recommander son arithmetique aux Muses les Déesses de la Memoire, comme a fait Virgile * dans une bien moindre occasion.

* Æneid. li. 7.

Pandite nunc Helicona, Deæ,
  cantusque movete ;
Qui bello exciti Reges, qua quem-
  que secuta
Complerint campos acies.
. . . .
Quam multi Libyco voluuntur
  marmore fluctus
Sævus ubi Orion hibernis condi-
  tur undis.

Les Ennemis de la France se sont assemblez *des* (a) *quatre vents,*

a Saint Matth. ch. 24. v. 31.

vents, pour me servir de cette expression de l'Ecriture. Le Nord, & le Midi, le Couchant & l'Orient ont uni leurs forces contre nous. Tous les Princes d'Allemagne Catholiques & Protestans, l'Espagne, la Hollande, l'Angleterre, l'Evêque de Liege ont agi à face découverte: le Roi de Suede & celui de Dannemarc se sont contentez de leur fournir un nombre considerable de leurs meilleures troupes, & le defunt Pape a favorisé cette Croisade Protestante le plus qu'il a pû quoi qu'il fust notoire à tout le monde que ceux qui en sont les principaux directeurs ont detrôné un Roi Catholique en haine de sa Religion, & qu'ils n'ont point fait d'Acte public sans declarer qu'ils ont pour principal but le bien & l'avantage de la Religion Protestante. Aussi faut il avoüer qu'Inqu'Innocent XI. n'a point obligé des ingrats. Il paroit par vos libelles que vous aviez conçu une veneration particuliere pour sa personne, & vous n'avez pû vous empêcher de temoigner publiquement que vous regardiez son trepas comme un rabat-joye de vos pretendus triomphes de 1689. En quoi vous deshonorez plus sa memoire pour les siecles à venir que vous ne l'eussiez fait, en le faisant passer par les armes de vos Auteurs Satyriques, comme vous y avez fait passer ses predecesseurs, & comme vous y faites passer journellement les plus grands Princes.

Qu'a fait le Roi, seul contre cette multitude d'ennemis, obligé non seulement de defendre ses Etats par mer & par terre, au dedans & au dehors, mais aussi de soutenir un Prince chassé par ses propres enfans, & tellement aban-

abandonné de tout le monde, que si la France ne lui avoit pas servi d'azyle il auroit été contraint apparemment d'en aller chercher hors de l'Europe; qu'a t'il fait & pour soi, & pour ce Prince qu'aucun autre Potentat Chrêtien n'auroit osé avoir pour hôte, de peur de s'attirer toute la Maison d'Austriche sur les bras; a t'il pu lui conserver une retraitte dans l'Irlande, & l'y entreteni de tout ce qui lui est necessa , malgré les flottes des Anglois & des Hollandois, les 2. Nations les plus redoutables sur la mer qui soient au monde? La reponse à ces questions se peut voir dans ce qui a été touché cy-dessus des évenemens de la derniere Campagne.

Il n'y auroit rien de fort glorieux pour les ennemis du Roi, s'ils avoient conquis plus d'une Province : il leur est fort honteux

teux d'avoir fait si peu de chose : mais pour le Roi il s'est surpassé lui même en se tirant si bien de ce premier choc, sans le secours de personne. Et quand on considere que les Rois sont les images de Dieu, & qu'un Roi TRES-CHRETIEN par excellence, & qui est le seul qui soutienne presentement la cause de l'Eglise Catholique, est d'une façon speciale le Lieutenant de Dieu en terre, on ne peut s'empêcher de lui apliquer ce qu'un * Prophete a dit du Messie, *j'ai été tout seul à fouler au pressoir, & personne d'entre les peuples n'a été avec moi.... j'ai regardé & il n'y a eu personne qui m'aidast, mais mon bras m'a sauvé, & m'a fureur m'a soutenu.*

* Isaïe ch. 63. v. 3. & 5.

Vous ne sauriez être dans une plus fausse illusion que de penser que la derniere Campagne

P 2 ait

ait diminué en quelque maniere les grandeurs de ce Monarque. Tout au contraire il n'a jamais eu plus de besoin de ces graces misericordieuses de Dieu qui font que les Rois ne s'éblouïssent pas eux mêmes de leur propre éclat, car pour peu qu'il s'arretast sur lui même sans s'élever à cette premiere cause dont il n'est que l'Instrument, de quelle admiration ne se trouveroit il pas saisi en voiant que la gloire qui l'environne a excité une telle jalousie dans l'esprit des autres Souverains, qu'ils se sont tous liguez contre lui, qu'ils l'ont attaqué de toutes leurs forces, qu'ils n'ont fait que l'effleurer, qu'il leur a porté d'assez pesans coups, & que personne n'a jugé encore que la partie fust inegale entre lui seul & le reste des Princes Chrêtiens.

I. C'est

I. C'est une remarque qui sera suivie de 5. autres.

II. Il n'avoit jamais fait une si glorieuse épreuve de ses forces, quoi qu'il eust resisté le plus heureusement du monde depuis l'an 1673. jusqu'en 1678. à une ligue tres formidable. Car enfin il y avoit alors en Allemagne deux puissans Princes qui ne fournissoient contre nous que leur cotte part: l'Angleterre étoit neutre: le Roi de Suede faisoit pour nous une forte diversion: & toutes les forces de l'Empereur n'égaloient pas celles qu'il envoie presentement sur le Rhin sans discontinuer ses conquêtes en Turquie. Aujourdhui les Princes d'Allemagne sans en excepter un seul fournissent toutes leurs Troupes à la ligue: l'Angleterre fait ses derniers efforts contre nous: les Suedois & les Danois fournissent quantité de soldats à nos Ennemis: personne ne nous aide: & cependant nous leurs faisons plus de mal qu'ils ne nous en font. D'où paroit, pour dire ceci en passant, qu'il y a bien eu de la hablerie dans les libelles où vous avez depeint la France toute épuisée par vôtre sortie, & où il semble que vous aïez voulu persuader à toute l'Europe, que vous étiez les nerfs & les colomnes de l'Etat. Si vous avez trouvé des Princes assez faciles pour fonder là dessus des esperances, ils sentiront apparemment de plus en plus qu'ils ont été pris pour Duppes.

III. Quelle gloire n'est-ce point pour nôtre Monarque d'être le seul qui soutienne les interêts de l'Eglise Catholique; le seul qui l'empêche d'être opprimée dans l'Irlande; le seul qui agisse pour la cause d'un grand
Prin-

Prince indignement chassé de deux Roiaumes par ses propres enfans en haine de sa Religion; le seul en un mot qui fasse tête à tous les Princes Protestans conjurez contre l'Eglise, & avides de s'enrichir de ses depoüilles, & de faire secularisér à leur profit, comme au tems de la paix de Munster, ses plus considerables Benefices? Lisez là-dessus ce qu'un de nos Poëtes * a fait dire à

* *De ta gloire animé lui seul de tant de Rois,*
S'arme pour ta querelle & combat pour tes droits.
Le perfide interêt, l'aveugle jalousie
S'unissent contre toi pour l'affreuse Heresie.
La discorde en fureur fremit de toutes parts,
Tout semble abandonner les sacrez Etendars,
Et l'Enfer couvrant tout de ses vapeurs funebres,
Sur les yeux les plus saints a jetté ses tenebres.
Lui seul invariable, & fondé sur la Foi
Ne cherche, ne regarde, & n'écoute que toi,
Et bravant du Demon l'impuissant artifice,
De la Religion soutient tout l'Edifice.

Mr. Racine Prologue d'Esther. Remarqués que la moderation qu'on suppose ici s'entend avec le rabais qu'il faut faire dans les termes quand on evaluë la prose aux vers; en suitte par raport à l'extrême retenuë avec quoi on designe le Pape; enfin eu égard à ce qu'on se tient dans des plaintes generales, qui ne designent aucun Prince particulier. Caracteres qui ne se trouvent point dans les libelles des Protestans.

à la pieté avec une moderation que vos Ecrivains devroient & ne sauroient imiter.

Or de ce que nôtre cause est celle de l'Eglise de J. Chr., nous esperons que Dieu fera tomber sur la Ligue le sort dont il menace les conspirations de ses adversaires, dans ces paroles du Pseaume 2. *Pourquoi se mutinent les Nations & les peuples projettent des choses vaines : Pourquoi se trouvent en personne les Rois de la Terre & les Princes consultent ensemble contre l'Eternel & contre son Oinct*, &c.

IV. Les Rodomontades Espagnolles n'ont jamais pu élever la Maison d'Austriche au faite de gloire où le Roi se trouve presentement. Car il est bien vrai que cette Maison a été quelquefois en butte à des ligues Protestantes, mais il se faisoit tout aussi-tôt des Contre-Ligues Ca-

Catholiques en sa faveur, de sorte que quand même elle se seroit maintenuë en son état, elle n'en auroit pas eu l'obligation à ses seules forces, mais en partie aux grands secours qu'elle recevoit de ses Alliez.

V. Quelle gloire encore n'est ce point pour nôtre Roi de voir cette même Maison d'Austriche, l'ancienne Rivale de la France, à pot & à feu, pour ainsi dire avec l'Heresie, & cela dans une ligue dont le but reconnu de tout le monde est de faire 1º. que jamais le Roi de la grand' Bretagne, ni son fils ne possedent aucun des Roiaumes qui leur apartiennent legitimement, & dont on les a declarez déchus à cause de leur Catholicité. 2º. que les loix Penales contre les Catholiques des trois Roiaumes ne soient jamais suprimées. 3º. que les

Calvinistes de France & les Vaudois du Piedmond soient retablis dans tous leurs plus amples privileges, sous des garenties qui leur en assurent la possession éternellement. C'est là ce que les Protestans avoüent, mais il ne faut pas douter qu'ils n'aient de plus grands desseins, dont ils ne parlent pas encore, & qu'aiant trouvé fort à leur gout qu'on leur ait secularisé quelques Evêchés dans l'Empire, ils ne souhaittent pareille chose pour quand la paix se fera. Voila les gens avec qui la Maison d'Austriche s'est confederée. Voila ce qui la demasque, & ce qui fait voir à nu ce que c'étoit autrefois que son zele & ses grands vacarmes contre les alliances avec les Heretiques. Or autant que cela diminuë la gloire de ses merites envers nôtre sainte Religion, autant aug-

augmente t'il à cet égard celle du Roi TRES-CHRETIEN.

VI. Si l'on compare l'état prefent de la France avec celui d'autrefois, quelle prééminence de gloire ne voit on pas rejaillir de cette comparaifon fur la perfonne de fa Majefté? Quelque confiderable que fut la Nation fous François I. fous Henri IV. fous le Miniftere du Cardinal de Richelieu, & fous celui du Cardinal Mazarin, il faloit qu'elle fe liguaft avec d'autres quand plufieurs autres l'attaquoient : maintenant c'eft contre elle feule que toutes les autres fe liguent, & encore ne fe tiennent elles pas affez fortes. D'où eft venu ce grand changement ? Eft-ce par les mêmes voies qui ont élevé la Maifon d'Auftriche à ce haut degré de puiffance où on l'a veuë fous

Char-

Charles Quint, & sous Philippe II. je veux dire par des successions matrimoniales, & par des couronnes électives? Nullement; je ne crois pas qu'on ait encore paié au Roi la dot de la feuë Reyne, qui n'alloit pas à 2. millions. C'est donc que le Roi a fait de grandes conquêtes? Ni cela non plus. La France n'est pas accreuë d'une bonne journée de poste depuis la paix des Pirenées. Ainsi cette grande puissance où elle est montée est le fruit des grandes qualitez du Roi, & de son habileté dans l'art de regner, par où il a établi une exacte discipline dans ses armées, & un grand ordre dans ses Finances, il a redoublé l'industrie de ses sujets; il a inspiré à tous ceux qu'il emploie à son service un esprit d'activité, d'émulation, de zele, & d'exactitude. Qu'on parcou-

parcoure tant qu'on voudra les monumens de l'Histoire, on n'y verra point d'exemple d'un changement tel que celui qui est arrivé dans ce Roiaume, qui sans être devenu ni plus peuplé, ni gueres plus grand, sans la découverte de nouvelles mines, sans autre secours que la tête du Monarque, peut executer aujourdhui par mer & par terre dix fois plus de choses (j'entens dix fois en rigueur d'arithmetique) que sous les regnes precedens.

Ces petites remarques refutent invinciblement ce qu'il vous plait de debiter de nôtre pretenduë decadence commencée l'été dernier. Vous montrez par là que vous n'êtes pas connoisseurs. Il n'y a point d'homme de bon gout à l'égard de la veritable gloire qui ne choisist preferablement à toutes les

les années precedentes du regne de sa Majesté la figure qu'elle a faite dans l'Europe en 1689. Nous esperons bien que la suitte sera encore plus glorieuse, mais les endroits precedens n'avoient pas de si grands reliefs, & ce sera sans doute le jugement des siecles futurs. Donnez moi le plus ambitieux Prince qui soit aujourdhui sur la terre, je soutiens qu'il aimeroit mieux soutenir & presentement & dans la memoire de la posterité le personnage de Loüis XIV. que celui d'aucun de ses ennemis. C'est un chemin plus seur à la grande gloire, en perdant même des Provinces, que celui d'en gagner avec le secours de tant d'Alliez. Quel spectacle dans l'Histoire qu'un Prince qu'on n'ose attaquer qu'en se mettant 10. contre un ! *Estimet hinc Drusi sæcula posteritas.*

Au

Au reste ce seroit vain que pour éluder la 5. de mes remarques, on s'aviseroit de soutenir que ce n'est point ici une guerre de Religion, & que le Roi fait pis que de secourir des Heretiques, puis qu'il est d'intelligence avec la Porte. Car en 1. lieu les Manifestes, les Declarations, les Adresses, les Harangues & cent autres Actes publics des Protestans font foi que l'interêt de leur Religion est la principale cause de leur armement.

En 2. lieu, si ce n'est pas une guerre de Religion, mais seulement une guerre pour le temporel, il nous devroit être aussi permis de nous joindre avec le Turc, qu'à la Maison d'Austriche de se liguer avec l'Angleterre. Il est pour le moins aussi aisé d'obtenir des Turcs, que des Anglois, la liberté de conscience

science pour les Catholiques, & il est d'ailleurs beaucoup plus à craindre que les Catholiques ne deviennent Protestans sous la domination Protestante, qu'il n'est à craindre qu'ils se fassent Turcs sous la domination Turque. De sorte que dans la supposition qu'il ne s'agit presentement que d'interêts civils entre les Princes qui sont en guerre, rien n'est plus absurde que ces reproches de liaison avec les Turcs. Il faudroit donc pretendre qu'à l'égard des Ottomans, c'est une guerre de Religion, mais non pas à l'égard de l'Angleterre, & ainsi avoir double poids, & double mesure.

En 3. lieu ceux qui nous accusent d'intelligence avec les Turcs, n'ont aucune preuve de ce qu'ils disent, au lieu que nôtre accusation contre eux est fondée sur des lettres authentiques,

ques, sur des Ambassades de felicitation, sur l'abandon total des interêts du Roi d'Angleterre; sur l'union publique des conseils, & sur les mesures que l'on concerte à la veuë de toute l'Europe pour empêcher non seulement que ce Prince ne recouvre ce qu'il a perdu, mais aussi qu'il ne retienne ce qui lui est resté en Irlande. Tout cela fait que si quelques-uns ne croient pas que la Cour de Vienne & la Cour d'Espagne aient conseillé l'usurpation de l'Angleterre, tout le monde est du moins persuadé qu'elles en ont été ravies, & qu'elles ne voudroient pour rien du monde que le Roi Jaques fust retabli, deust-il rendre tous ses Etats aussi Catholiques qu'ils l'étoient avant le schisme de Henry VIII.

Nous avons donc cet avantage

ge sur la Maison d'Austriche que nous justifions nos accusations par les preuves les plus convaincantes, au lieu que ce qu'elle dit de nos liaisons avec les Turcs ne sont que des discours en l'air, tout à fait semblables à vos libelles, * où l'on avance sans aucune preuve les choses du monde qui meritent le plus qu'on ne les allegue point sans de pieces justificatives compulsées, legalisées, ou en general apuiées d'une autorité valable.

Je ne sai comment j'ai differé jusques ici à vous parler de cet énorme defaut de vos libelles. Ils sont presque tous sans nom d'Auteur, sans privilege, sous un nom supposé d'Imprimeur, & ne prouvent rien. On se contente d'y prendre un air decisif, & un ton affirmatif pour debiter tout ce que l'on entend dire dans

* Cela fait que nous ne prenons pas la peine de vous répondre, car c'est une maxime du droit, que affirmanti incumbit probatio, & actore non probante absolvitur reus.

Avis aux Refugiez. 355

dans les ruës, tout ce que l'on conjecture, tout ce que l'on tire par consequences: & au lieu de preuves de fait, la seule Monnoie de bon aloi dont il faut payer le public en ces sortes d'occasions, on ne le paie que de raisonnemens, & de vieilles invectives qu'on joint aux nouvelles. Si l'on n'accusoit que d'une legere faute un simple particulier, on ne laisseroit pas d'agir temerairement, & de lui en devoir reparation, à moins qu'on ne se defendist par une conviction juridique. Comment donc apellera t'on ces Ecrivains qui publient avec la derniere securité, & sans nulle preuve *que le Roi d'Angleterre a fait brûler la ville de Londres, qu'il a fait égorger le Comte d'Essex, qu'il a empoisonné le Roi son frere, qu'il a supposé un Prince de Galles &c.* Cette derniere accusation inserée dans le manifeste comme un des

des principaux motifs pourquoi on vouloit faire tenir un Parlement libre, qui informaſt de la choſe, ne devoit elle pas être pouſſée quand on a eu un Parlement tout à fait à ſa devotion ? Euſt on manqué de le faire ſi on y euſt peu trouver ſon compte ? Cependant on n'en a pas dit un ſeul mot, non plus que des autres articles, excepté quelques recherches ſur la mort du Comte d'Eſſex qui n'ont abouti à rien. Aprés cela vos Auteurs ne ſont ils pas bien dignes de foi ? J'ai ſouvent pitié de quelques-uns de vos freres, nos amis communs que je rencontre en compagnie, tant ils ſe trouvent confondus lorsqu'on les attaque ſur ces matieres, car on leur arrache enfin cet aveu, *qu'elles ſont l'opprobre de vôtre Egliſe.* Mais revenons à la derniere campagne.

J'ai

J'ai observé que vos Nouvelistes sentant bien en leur conscience que nous n'avons pas eu fort à nous plaindre de la fortune sur nos frontieres, nous vont chercher des sujets de mortification en Turquie, & jusques au fond de l'Orient. Ils pretendent que les victoires de Sa Majesté Imperiale & les revolutions de Siam ont donné échec & mat à la France : mais ils se trompent.

Il est certain que la gloire & le bonheur de Sa Majesté Imperiale dans cette guerre contre les Turcs sont admirables, & qu'à l'éternelle confusion des Propheties de vôtre DRABICIUS, Dieu a fait obtenir à ce Prince plus de grands succez qu'à l'Empereur Charles Quint. Ce faux Prophete plus empressé à maudire que Balaam qui même lors qu'un Roi voisin l'en sol-

sollicitoit avec de grandes promesses, ne voulut rien precipiter, a lancé pendant plusieurs années sur la Maison d'Aûtriche les plus effroiables maledictions qui lui montoient dans l'esprit, & il l'avoit, pour ainsi dire, devoüée aux Furies, & aux Dieux infernaux, *Diris & numinibus infernis*, à cause qu'elle avoit persecuté vôtre Religion. Mais l'évenement a fait voir qu'il n'entendoit pas ce metier là, & qu'il n'avoit pas fort bonne main à maudire. Jamais homme ne merita moins que lui l'éloge qui fut donné à Balaam, *celui que * tu beniras sera benit, & celui que tu maudiras, sera maudit*, & si toutes vos imprecations Prophetiques ressemblent à celles de Drabicius, il y aura presse desormais à souhaitter vos maledictions, & on vous enverra chercher avec plus

* Nombr. ch. 22. v. 6.

plus d'importunité pour les recevoir, que le Roi des Moabites n'en emploia pour tâcher de jetter sur ses ennemis celles du faux Prophete Balaam. Quoi qu'il en soit, & sans même trop éplucher le jugement que nôtre Cour a pu faire des progrés de l'Empereur avant la rupture, je vous puis dire qu'elle a eu beaucoup de plaisir des dernieres victoires de sa Majesté Imperiale.

Si je vous disois que la pieté de nôtre Monarque ne lui permet pas de n'avoir point une grande joie de tout ce qui peut fermer les breches & consolider les plaies de l'Eglise Catholique, autant que le peut faire par la reunion des Eglises Orientales, la ruïne des Turcs, vous ne le voudriez pas croire, quelque vrai qu'il soit. Si je vous parlois des reflexions de nos politiques

oiseux

oiseux qui souhaitent cette ruïne, persuadez qu'outre la cessation du schisme des Grecs, l'Eglise Romaine en retireroit cet avantage que l'Empire d'Orient seroit retabli en faveur de la Maison d'Austriche, à condition que l'Empire d'Occident reviendroit au Roi, tant à cause de son merite personnel, qu'à cause qu'il est descendu de Charlemagne le premier Restaurateur de l'Empire d'Occident; si j'ajoutois qu'on pretend qu'il est écrit dans les destinées que l'Empire Turc ne sera ruiné que par les François, ce qui peut signifier non pas qu'ils feront le principal de l'ouvrage, mais qu'ils y seront necessaires, comme les fleches d'Hercule à l'entiere ruïne du Roiaume de Priam; si enfin je vous disois qu'on remarque avec beaucoup d'attention, & de grandes espe-
ran-

rances, qu'en même tems que vous avez la temerité de menacer nôtre Eglise de sa fin prochaine, elle marche à grans pas à la conquête des Communions schismatiques de l'Orient, & à l'extirpation de ces impures engeances des Arriens, des Samosateniens, des Photiniens, qui se sont concentrées dans la Transilvanie, (le vrai repaire des Esprits immondes) aiant rebourgeonné dans l'Europe sous les auspices de vos pretendus Reformateurs; vous me repondriez que ni le Roi ni ses Ministres d'Etat n'ont pas assez de loisir pour se consoler du present par ces sortes de pensées. Mais que direz vous quand je vous ferai toucher au doit que les victoires remportées sur les Turcs nous sont fort utiles?

Pour le bien comprendre, il n'y a qu'à considerer, que si les Turcs avoient remporté de grands

grands avantages en Hongrie, la ligue contre la France en seroit devenuë plus foible d'autant, ce qui auroit determiné les Princes qui n'y sont encore qu'à demi, à y entrer tout à fait, & toute l'Italie à se joindre aux Espagnols. Par ce moien nos affaires seroient devenuës plus penibles. Au lieu que les forces de l'Empereur aiant été notablement augmentées, cela determine quelques-uns des Alliez à se relâcher, & si quelque chose peut faire qu'au premier Traitté de Paix la France recule ses Frontieres jusqu'au bord du Rhin, ce sera de voir que l'Empereur aura poussé ses conquêtes jusqu'à Andrinople, ou plus. Alors on trouvera fort à propos ce que l'on n'a pas trop bien gouté jusques ici, savoir qu'entre le Rhin & la Moselle, il n'y ait point de Princes, Creatures de l'Empereur, mais que leur de-

dedommagement leur soit assigné sur le conquerant de la Turquie. Alors le bien & la seureté de tous les Princes d'Allemagne, des Couronnes du Nort, de la Hollande, de la Pologne, de l'Italie seront que la France soit extrêmement puissante, afin de contre-balancer la Maison d'Austriche. Car celle-cy par la crainte de la France n'osera chasser de l'Empire les Suedois & les Danois, que les Allemans n'y souffrent qu'avec beaucoup de jalousie. Elle n'osera reveiller ses anciennes pretentions sur la Hollande, ni attenter sur les droits des Electeurs, & des autres Membres de l'Empire. En un mot elle n'osera plus songer à la Monarchie Universelle, dont on lui a si bien fait passer l'envie, ou si elle en veut reprendre les erremens, on pourra tout aussi-tôt recourir, comme autrefois, à la France, pour y met-

mettre ordre. D'ailleurs on ne craindra point que cette Couronne franchisse les bornes du Rhin, quand on verra l'Empereur Maitre de tant de Provinces qu'il aura conquises sur les Ottomans. Il est donc de nôtre interêt qu'il en subjugue un grand nombre, parce qu'alors il sera de l'interêt de toute l'Europe que nous conservions en pleine proprieté tout ce que nous possedons presentement & au delà, car ce qui fait qu'on souhaitte de nous reduire aux anciennes bornes, c'est la superiorité de puissance où nous sommes sur la Maison d'Austriche.

En effet ce seroit une pensée tres fausse & tres grossiere tout ensemble que de s'imaginer que tous les Princes liguez contre nous, se sont attachez à cette Maison par amitié pour l'Empereur, & par haine pour le Roi.
La

La plûpart sont remplis d'admiration pour la personne de Loüis le Grand. Il y en a qui en ont reçu mille bons Offices, ou qu'il a même comblez de bienfaits, dequoi sans doute ils conservent le souvenir. Mais soit qu'on leur ait communiqué quelque impression de la violente jalousie que la trop éclatante gloire de sa Majesté a excitée dans l'ame de quelques-uns, soit que les Maximes d'Etat, qui commandent de s'opposer à l'aggrandissement d'un voisin, l'aient emporté sur les sentimens de reconnoissance & d'estime, ils se sont liguez contre la France, prêts à se liguer des demain pour elle, si la balance penchoit un peu trop d'un autre côté.

Quant aux revolutions de Siam vous devez savoir, Monsieur, que ce n'est point delà que dépendent ni vos destinées, ni les nôtres. Quand tout s'y seroit passé comme le raportent vos Gazetiers, nous en meriterions moins d'insultes, que vous n'en meritez pour avoir triomphé sur cela d'une maniere si insultante dans vos libelles. Car quel seroit nôtre crime ? C'est que nous aurions cultivé par des presens, par des Ambassades, & par tels autres moiens l'amitié d'un Prince Païen qui paroissoit rempli de bons sentimens pour la Religion Chrêtienne ; c'est que nous nous serions prevalus autant qu'il nous a été possible de ces favorables dispositions pour obtenir à nos Missionaires la liberté, la protection, & les graces les plus capables de faire fructifier l'Evangile dans ses Etats, & pour le transporter tout à fait lui même dans le giron de l'Eglise ; c'est enfin que nous n'aurions pû empêcher qu'un Grand Seigneur du Païs ne conspirast contre sa personne, ne le fist assom-

assommer auprés des idoles comme un deserteur du Paganisme, & n'étendist les effects de son impieté barbare sur tous les fauteurs de l'Evangile, sur les Missionnaires, & sur les François de Siam. Est-ce donc un crime à nous, qu'il n'y ait rien de si saint qui ne trouve un sacrilege, & que la Majesté Roiale adorée de tout tems dans l'Orient y trouve quelquefois des violateurs ? Est ce un reproche à nous faire, que tous les usurpateurs des Couronnes ne soient pas dans l'Occident, & que nous aions mis un Roi Paien en état d'être Martyr de Jesus-Christ ? Ce martyre ne seroit il pas plûtôt un tres grand honneur pour nous ? Et plût à Dieu que nous meritassions la gloire que vous nous donnez sans y penser. Mais la chose ne s'est point passée ainsi. Ni le Roi, ni les autres Chrêtiens François n'ont n'ont point reçu le traittement que vous avez fait courir par toute l'Europe avec tant d'injurieuses reflexions, & tant de fanfares.

En quoi vous ne meritez pas seulement que l'on vous blâme d'être enclins à debiter des nouvelles fabuleuses, mais aussi d'être souverainement indifferens pour la conversion des infideles. Je voudrois que vous entendissiez les reflexions que l'on fait ici sur la joie immense que vous avez temoignée de l'extinction du Christianisme dans le Roiaume de Siam.

Est-ce, dit-on, que ces gens-là persevereront toûjours malgré les reproches dont on les accable, à n'aller aux Indes que pour declarer la guerre à la bourse des Infideles, mais nullement à leurs erreurs, & à leur idolatrie? Ne comprendront-ils jamais que pour peu qu'ils eussent

de

de sang Chrêtien dans les veines, ils voudroient faire échange de richesses avec ces peuples, & leur donner les biens de la grace, pendant qu'ils reçoivent d'eux mille profits temporels? S'ils ne veulent pas avoir cette charité, qu'ils souffrent du moins que nous l'aions; mais ils ne veulent ni convertir les Infideles, ni souffrir * que d'autres les convertissent, & c'est pour eux une matiere de feu de joye, que d'aprendre que nos Missionnaires & nos Neophytes sont exterminez de quelque endroit de l'Orient. Que ne souffrent-ils que nous leur decrassions l'idolatrie Paienne, puis qu'ils pretendent qu'aprés que nous l'aurons simplement metamorphosée en un demi-Christianisme, en un Paganisme baptizé, ils acheveront en peu d'heures & sans nul peril la conversion, lors que le temps *de la plenitude*

* *Voi. l'Apologie pour les Cathol: de Mr. Arnaud vol. 2. au commencement du ch. 15. & dans tout le ch. 16.*

des Gentils sera venu ? Voilà qui est bien commode: nous essuierons toutes les peines, & tous les martyres; les Protestans au coin du feu, ou à l'ombre du cabinet recueilliront tout le profit. Qu'ils craignent qu'on ne les regale touchant les dernieres revolutions de Siam, de la relation de quelque nouveau Tavernier. Mais qu'ils ne craignent pas que jamais la renommée, toute fabuleuse qu'elle est, nous aprenne qu'on a chassé leurs Missionnaires de quelque païs idolatre, ou que l'on y a detrôné quelqu'un de leurs convertis. Ils donnent bon ordre que personne ne se puisse rejoüir de telles mesaventures en represailles de leur joie pour nôtre persecution de Siam.

Je vous fais part de ces reflexions afin que vous ne pretendiez pas, sous pretexte que nous n'imn'imprimons point de libelles, que vos defauts nous sont inconnus. Vous avez crû en faisant beaucoup de bruit d'un Roi de Siam detrôné pour sa nouvelle Religion, étourdir le monde, partager entre l'Orient & l'Occident les reflexions du public, & vous sauver dans la multitude des exemples. Vous avez crû aussi faire connoître que l'Eglise Catholique avoit souffert un grand échec. Mais le public ne se laisse pas donner le change si aisement, & si vous vouliez être de bonne foi, il ne faloit pas vous taire sur le florissant état dont cette Eglise joüit à la Chine, selon les nouvelles qu'on a reçûës par les vaisseaux qui ont apris ce qui s'est fait à Siam. Peu s'en faut que les Jesuïtes ne soient aussi aimez de l'Empereur de la Chine, que de l'Empereur d'Allemagne, & il n'y a point de Province dans son vaste Empire où il ne leur permette de prêcher.

Il est temps, Monsieur, que je finisse: un donneur d'avis ennuïe bien-tôt ; c'est pourquoi j'aurois du être plus court, mais l'abondance de la matiere m'a entrainé je ne sai comment au-delà de ma premiere intention. Je repete ici ce que je vous ai dit au commencement, c'est que je m'entretiens avec joie sur le bruit qui court que le Roi vous rétablira bien-tôt, & je me flatte agreablement de l'esperance de vous embrasser. Ne manquez pas de profiter de ce retour de la clemence Roiale: revenez dans vôtre patrie avec un cœur tout François: point de rancune. Vous nous trouverez de vos amis autant que nous l'aions été; & s'il y a quelque changement en nous, c'est que nous aurons plus

plus d'avantage sur vous que nous n'en avions dans la Controverse. Cela vous fera peut-être plus de bien que de mal, car c'est assez l'ordinaire d'aimer mieux ses Antagonistes lors qu'on les embarrasse, que lors qu'on en est embarassé. Nous trouvons que vos Controverses sont fort empirées depuis 4. ou 5. ans. Le foible de vôtre parti, je veux dire, la voie de l'examen particulier, n'avoit jamais été connu autant qu'il l'est presentement. Nous n'avons guere de femme qui, armée de toutes pieces à cet égard, ne soit capable d'embarrasser tous vos Docteurs. Nous ne craignons plus les plaintes que vous avez si souvent faites, que nous derobions aux peuples la connoissance du Testament de nôtre Pere celeste, en ne voulant pas qu'ils consultent l'Ecriture. Nous la lisons

lisons autant qu'il nous plait: nous nous vantons mêmes d'être à prefent les vengeurs des outrages qui sont faits à ce divin livre, & que vous laissez impunis dans les lieux où vous étes le plus à vôtre aise. C'est un des nôtres qui a pris la plume pour soutenir l'inspiration des livres sacrez attaquée par des Protestans (entre lesquels on compte un Ministre de Charenton) qui ont la hardiesse de faire passer en reveüe le Canon des Ecritures, & d'y casser comme des passevolans tels livres que bon leur semble, & les envoier grossir les Apocryphes, pour se faire ainsi une route à traitter de *galimathias* avec le temps les passages de St. Paul qui les incommoderont, & à debiter cent froides plaisanteries contre lui aussi hardiment que contre St. Augustin. Voilà le bel effet de vôtre esprit

esprit particulier, & les suites ordinaires des mauvais exemples. On vous a toûjours predit que le principe sur lequel vous aviez bâti vôtre reforme, ne s'arrêteroit jamais qu'il n'eût renversé tous les fondemens. Vous y allez à grands pas, vous en êtes déja à disputer si l'Ecriture est inspirée. Cela nous fait plus de bien que les meilleurs livres de nos Controversistes.

Ce n'est pas le seul avantage que nous avons gagné sur vous en ces dernieres années ; la controverse de l'Antechrist ne fut jamais en pire état de vôtre côté, qu'elle l'est depuis les ouvrages de Monsieur de Meaux. Elle est neanmoins si capitale que s'il n'est pas vrai que le Pape est l'Antechrist, vous n'avez point eu de raison necessitante de vous separer de nous. Et quant aux reproches que vous nous

* Non constant ibi exempla, unde ex- perunt, sed quamlibet in ieunem recepta tramitem la- tissimè evagandi sibi viam faciunt, & ubi semel recto deerra- tum est in præ- ceps perve- nitur, nec quis- quam sibi pu- tat turpe, quod alii fuit fructuo- sum. Vell. Pater- cul. l. 2. c. 3.

nous faisiez d'un air triomphant, que nous étions superstitieux, & credules ; que nous avions toûjours en campagne quelque miracle, quelque revelation, ou quelqu' fraude pieuse, nous ne les craignons plus, car nous avons en main dequoi vous imposer silence par la voie courte & sans replique de la recrimination. Il s'est trouvé des gens parmi vous qui ont suborné des enfans pour les eriger en Prophetes, ce qui outre la profanation du saint nom de Dieu, enfermoit un crime d'Etat, puis que ces sortes de pretenduës Propheties tendoient à exciter des soulevemens sous l'esperance d'un infaillible succez. Les loix imperiales * ont toûjours établi des peines contre ceux qui s'efforçent d'étonner les autres par quelque vaine superstition. Le Jurisconsulte Paulus (a) raporte

* L. si quis de pœnis. Modest. l. I. de pœnis. a. Lib. 5. c. 23. de sent. de vaticinatoribus &c.

porte un Edict contenant ces mots; *Nous ordonnons que les devins qui se feignent inspirez de Dieu soient chassez, de crainte que l'esperance d'une chose cruë temerairement ne corrompe les bonnes mœurs, ou que les esprits du peuple ne soient troublez; qu'on les fustige donc & qu'on les chasse de la ville; & s'ils continuent qu'on les enferme en prison, ou qu'ils soient releguez en quelque Ile, ou banis à perpetuité.*

Mais l'une des choses que vous opposiez avec le plus de hauteur aux reproches que nous vous faisions touchant vos guerres civiles, c'êtoit de dire que le Pape s'attribuë la puissance de degrader les Souverains; vous nous citiez à tout moment ce qui fut fait en ce Païs-cy du temps de la Ligue, & vous vous faisiez tout blancs de vos epées, en protestant que le droit des Rois

Rois vient de Dieu, & qu'il ne faut exclurre personne du trône sous pretexte de la Religion qu'il professe. Ne vous fiez plus à ces moiens de defense, c'est un roseau cassé qui vous perceroit la main si vous l'appuïiez dessus, aprés ce qu'on vient de faire dans les 2. Roiaumes de la Grand' Bretagne.

Il y a long-temps qu'on vous a mortifiez sur cette matiere, car vos 4. Ministres de Charenton s'êtant vantez dans un Ecrit qu'ils dedierent au feu Roi en 1617. *Que vous êtiez haïs & mal-traitez, pour ce que vous mainteniez la dignité de sa Couronne contre les usurpations étrangeres qui la souïlloient, deprimoient & reduisoient en captivité*, & aiant representé à sa Majesté qu'*Elle avoit perdu son procés* dans l'Assemblée des Etats, sur *la question qu'on y avoit agitée, si le Pape peut deposer nos Rois,*

Rois, & s'il est en la puissance des Papes de disposer de leur Couronne ces 4. Ministres, dis-je, aiant parlé de la sorte, voici sur quel plan ils se virent refutez par Mr. l'Evêque de Luçon, qui a été depuis le grand Cardinal de Richelieu, & qui n'a pas moins triomphé par sa plume de celle de vos Ecrivains, que par les armes du Roi son Maître, de celles de vos Generaux. Je ferai paroître clairement, leur * dit-il, que vous donnez une puissance beaucoup plus grande au peuple, que celle que vous deniez au Pape, ce qui est grandement desavantageux aux Rois, n'y aiant personne qui ne juge, que ce leur est chose beaucoup plus perilleuse, d'être commis à la discretion d'un peuple qui s'imagine quelquefois être mal-traité, quoi qu'il ne le soit pas, & qui est une bête à plusieurs têtes qui suit d'ordinaire ses passions, que d'être soumis à la cor-

* Son livre est intitulé, les principaux points de la Foi de l'Eglise Catholique contre les 4. Ministres de Charenton. A Paris 1618.

Avis aux Refugiez.

correction d'un Pere plein d'amour pour ses enfans. Mais au reste ces quatre Messieurs n'avoient-ils pas bonne grace de parler ainsi au nom de leur Corps, si peu d'années après la guerre du Prince de Condé dont vous * embrassates le parti, & si peu d'années avant le siege de Montauban, & avant l'assemblée de la Rochelle qui fit refuter si chaudement l'Ecrit du Sieur (a) Tilenus contre vôtre prise d'armes. Il y a donc long tems qu'on vous mortifie sur cette matiere, mais si l'on vous entreprenoit aujourdhui là dessus, il seroit beaucoup plus facile de vous atterrer.

Ainsi Monsieur, je ne vous conseille pas d'autre parti quand vous

* *Le Duc de Rohan l. 1. de ses Memoir. pag. m. 65. raporte que l'assemblée generale de ceux de la Religion s'unit au Prince, & il avoüe qu'il y contribua de son mieux ayant déja fait declarer quelques Provinces.*

a. *C'étoit un Professeur en Theologie à Sedan, mais éloigné du Calvinisme car il étoit Arminien. Il publia un avertissement à l'Assemblée de la Rochelle sous le nom d'Abraham Eliatus en 1621. La Miletiere y repondit au nom de cette Assemblée en 1622.*

vous ferez de retour dans vôtre patrie, que d'éviter les occasions de parler de pareilles choses, ou si vous ne pouvez pas les éviter, de prevenir les Catholiques dans la condamnation des Parlementaires, car vous ne gagneriez rien à retorquer ce qui fut fait par les ligueux contre le Roi de Navarre. Vous avez tant fulminé, tant detesté leurs maximes & leur rebellion, qu'il ne vous est plus permis de les imiter, à moins que vous ne voulussiez vous emparer de cette infame pretension, que les plus grands crimes d'autrui, sont sanctifiez en vôtre personne, *quod volumus sanctum est*, ou faire penser au public que vous ne vous dechainez contre les maximes & les actions seditieuses d'autrui, qu'afin qu'on vous les laisse en propre. C'est ainsi qu'un Medecin gourmand fait peur de cer-

certaines viandes aux conviez, afin qu'il n'y ait que lui qui y touche. Mais sans toutes ces considerations, je puis vous asseurer, Monsieur, que la ligue contre le Roi de Navarre ne peut pas vous fournir un exemple qui vous soit avantageux.

Car 1°. il y eut un nombre considerable de Catholiques, de tout ordre, gens de Robe, gens d'épée, Grands Seigneurs, Prelats, qui demeurerent inviolablement attachez * au service de Henri

* En effet la meilleure & la plus saine partie du Parlement de Paris tint ses seances à Tours & à Chalons, & fit des Arrets terribles en 1591. contre les Bulles que le Pape avoit envoyées en France pour l'exclusion du Roi de Navarre, verifia une declaration que ledit Roi avoit faite en faveur des Huguenots &c. Le Clergé s'étant assemblé à Mante en ce même tems, suivant la declaration du même Roi, declara les mêmes Bulles nulles, injustes, suggerées par les ennemis de l'Etat. Mezerai abr. Chronol. ad ann. 1591.
Il est certain aussi qu'en la même année les Ligueux chasserent le Cardinal de Gondi, Evêque de Paris, qui avec les Curez de St. Merry & de St. Eustache, tachoit de disposer doucement le peuple à rentrer dans son devoir. Maimbourg Hist. de la Ligue p. 436. edit. de Holl.

Henri IV. pendant qu'il étoit encore Huguenot. Il leur avoit fait des promesses vagues de se faire instruire, & on s'en contenta. Il y en eut même qui * peu après la mort de Henri III. lui prêterent serment de fidelité sans aucune condition. La Ligue même toute furieuse qu'elle étoit ne disposa point de la Couronne au prejudice du successeur Heretique, & si d'un côté c'est une tache à l'Eglise Gallicane que plusieurs Prelats aient opiné à l'exclusion de ce Prince à moins qu'il ne se fist Catholique, ce sera de l'autre une gloire qui l'élevera éternellement au dessus de vôtre Eglise Anglicane, qu'un Renaud de Beaune Archevêque de Bourges ait soutenu constammment dans les Conferences de Suresne, avec une grande force d'esprit & d'érudition, * *que l'on est obligé*

* Mezerai vie d'Henri 4.

* Maimbourg Hist. de la Ligue li. 4. ad ann. 1593.

obligé de reconnoitre & d'honorer comme son Roi celui auquel le Roiaume apartient par le droit inviolable d'une succession legitime, sans avoir égard ni à la Religion qu'il professe, ni à ses mœurs; ce qu'il prouva par l'Ecriture, & par les exemples du vieux Testament, & de la primitive Eglise.

En 2. lieu la Ligue pouvoit objecter à Henri IV. que n'étant pas encore heritier presomptif de la Couronne, il avoit été plongé dans la rebellion, Chef d'un parti qui avoit été actuellement en armes plusieurs fois contre son Monarque, & qu'ainsi avant que la succession fût ouverte, il étoit déchu de son droit, aiant si souvent trempé ses mains dans le sang des fideles sujets de son Prince legitime.

En 3. lieu il n'y avoit aucune appa-

apparence que l'ancienne religion se pust conserver dans ce Roiaume, si ce Prince montoit sur le trône sans abjurer son Heresie, car encore que les Protestans ne fussent pas en aussi grand nombre que les Catholiques, ils faisoient neanmoins un Corps tres-considerable ; ils étoient les Maitres dans plusieurs villes, ils étoient fort aguerris, & en possession depuis long-tems de se maintenir par leurs armes contre toutes les forces de leur Roi Catholique. Que n'auroient ils pas pu faire sous un Roi tel que Henri IV. de leur Religion ?

En 4. lieu la maniere dont il en avoit usé en Bearn où il ne souffroit aucun exercice de la Religion Catholique, & l'oppression où vous nous teniez dans les endroits du Roiaume où vous étiez les plus forts, faisoient craindre legitimement qu'il devenoit Roi de France sans changer de Religion, il mettroit tout le Roiaume en uniformité avec son païs de Bearn. Il n'y a rien de plus admirable que les faux fuians que le * Sieur du Plessis Mornai lui fournit en 1580. étant question de repondre aux Catholiques de Bearn qui demandoient l'exercice de leur Religion, favorisez en cela par Henri I I I. C'est déja quelque chose de fort étrange qu'il faille qu'un Prince du Sang, Chef d'un Parti qui s'étoit fait donner l'épée à la main l'exercice de sa Religion, ne l'accorde pas lui même à ses vassaux favorisez de la recommandation de son Roi. Mais de combien la chose paroitra t'-elle plus étrange lors qu'on verra que du-Plessis ne conseille que d'éluder la Requete par divers expediens.

* Voiez le 1. vol. de ses Memoires pag. 65.

5. En-

5. Enfin ce qui denouë toute la difficulté à nôtre avantage, c'est qu'il y a tres long-tems que tous les François detestent la Ligue & ses pernicieuses maximes, & qu'on ne peut point reprocher à nôtre Nation de s'être jamais laissée sans temoignage contre la pretention des Ultramontains, de sorte qu'on ne peut qu'avec beaucoup d'ignorance, ou qu'avec beaucoup de mauvaise foi nous imputer de soumettre directement ou indirectement les Roiaumes à la jurisdiction papale. Ce ne fut jamais que l'opinion de quelques particuliers.

Voions si vous pourriez par de semblables observations disculper un peu vôtre secte.

1. Vous ne sauriez dire qu'il y ait eu parmi les Protestans d'Angleterre un *Residu selon l'élection de Grace*, je veux dire

quelque maniere de Corps, ou de parti, petit ou grand qui soit demeuré fidele à son Roi. Il a été abandonné des bourgeois, & des soldats; des Nobles & des Roturiers, des Laïques, & des Ecclesiastiques, des troupes de mer, & des troupes de terre, & on a precipitamment disposé de sa Couronne, sans lui offrir de la lui rendre moiennant telles & telles conditions, sans la garder pour son fils, en cas qu'il fust un jour Protestant.

Vous n'oseriez comparer à nôtre Archevêque de Bourges vôtre Archevêque de Cantorberi, tant parce qu'au lieu que nous benissons la memoire de l'Archevêque de Bourges, vous traittez celui de Cantorberi de petit esprit qui ne sait plus ce qu'il fait, que parce que les sentimens de ce Primat d'Angleterre sont fort differens de ceux de l'Archevêque de Bourges.
Ce-

Celui-cy soutenoit qu'il faut laisser la possession des Couronnes à ceux à qui elles apartiennent selon l'ordre de la succession, de quelque Religion qu'ils soient, & l'Archevêque de Cantorberi trouve seulement mauvais que du vivant du Roi Jaques on ait conferé le nom de Roi à un autre. Il ne blâme point qu'on n'ait pas rapellé ce Prince, & qu'on soit fort resolu de l'exclure éternellement, mais il voudroit que pendant sa vie on s'abstint du titre de Roi. Ne sont-ce pas là de beaux scrupules, & proprement dès puerilitez de grammaire, & de ces *logamachies* dont on se moque tant dans les Ecoles. A ce compte il seroit fort assidu à faire sa Cour pourveu qu'on ne s'apellast que *Protecteur*, ou que *Regent*, & qu'on eust imité Auguste qui * s'abstint du titre de Roi, & de ce-

* *Non regna tamen, neque*

390 *Avis aux Refugiez.*

celui de Dictateur, & en prit un autre moins odieux, auquel il attacha une puissance aussi supreme que la roiale. Ce n'est pas dans les * mots mais dans les choses qu'est le mal, & qu'il faut mettre les cas de conscience. Un Catholique qui ne feroit pas difficulté de manger de bons chapons pendant le Careme, pourveu qu'on les apellast *des carpes*, mais qui n'en voudroit pas manger sous le titre de chapons, ne seroit-il pas bien devot? Cromwel qui se contenta de l'autorité roiale, sans accepter le titre de Roi, & la Couronne des 3. Roiaumes, lorsqu'en suitte de la harangue du Lord Maire le Parlement le suplia de les accepter en 1657. (a) mais qui ne laissa pas de se faire declarer *Protecteur des trois Nations*

Dictatura, sed Principis nomine constitutam Rempublicam &c. Tacite ann. l. 1. c. 9.
* Dion en parlant de l'abolition de la dictature dans son livr. 44. ajoute, *quasi verò in vocabulis vis rei ac non in armis posita esset; quæ unusquisque suo more & sumit & usurpat, injure eum Magistratum in quo iis utitur, utcunque is nominetur, polluit.*

a *Parival Histoire de ce siecle Vol. 2. li. 4. ch. 16.*

tions avec Souveraine puiſſance, diminua t'il pour cela ſon crime? *

Le ſcrupule de vôtre Primat est auſſi ſolide que celui de la Convention, qui par reſpect pour les loix fondamentales n'a jamais oſé ſe donner la qualité de *Parlement*, quoi qu'elle ſe fuſt revêtuë elle même d'une autorité ſuperieure à celle du Parlement, & qu'elle eût donné à celui de qui elle reçût ſa qualité de Parlement, le pouvoir de la lui donner. En quoi regne non-ſeulement ce qu'on nomme *logomachie*, diſpute de mots, mais auſſi le *circulus vitioſus*, la *mutua cauſalitas*, & par conſequent la contradiction, que *aliquid eſt prius ſe ipſo*.

Vous nous direz ſans doute qu'Henri IV. ſe vit exclus de la poſſeſſion de ſon Roiaume, juſques à ce qu'il ſe fuſt fait Papiſte,

* Il avoit été déja declaré Protecteur des trois Etats libres (c'eſt à dire, d'Angleterre, d'Ecoſſe & d'Irlande) en 1653.

piste, & qu'ainsi la comparaison est avantageuse aux Protestans, puis qu'ils ont reconnu le Duc d'Jorc pour Roi de la Grand' Bretagne dés le moment que la succession a été ouverte, sans avoir égard aux loix qui excluent les Papistes de toutes sortes de charges, & qui veulent que le Roi d'Angleterre soit le Chef de l'Eglise Anglicane. Vous ajoûterez qu'ils lui auroient êté toûjours fideles, s'il n'eût point voulu exterminer leur Religion. Mais on vous repondra,

Qu'en 2. lieu on ne pouvoit pas reprocher au Duc d'Yorc d'avoir jamais porté les armes contre son Souverain.

3. Qu'outre cela les Catholiques sont en si petit nombre dans l'Angleterre & dans l'Ecosse, & si peu accoûtumez à s'y mettre en corps pour y faire

la

la guerre aux Protestans, qu'il n'y a jamais pû avoir d'apparence qu'ils les opprimassent sous un Roi Catholique.

4. Que de plus le Duc d'Yorc n'avoit point donné de preuve en quelque païs dependant de lui, qu'il se plût à ôter la liberté de conscience aux Protestans.

5. Qu'ainsi les Parlementaires qui demanderent son exclusion dés l'an 1678. & dont les cabales furent si puissantes que son droit ne fit que *friser la corde*, comme quelques-uns le dirent par plaisanterie, étoient incomparablement plus inexcusables que les ligueux.

6. Que bien loin de se pouvoir glorifier de ce que l'on s'est soûmis à ce Prince dés que Charles II. fût mort, cela ne sert qu'au redoublement de la faute, car pour ne point vous citer

citer ici une * legion de proverbes, il est certain qu'on fait plus d'affront aux gens quand on leur ôte une charge qu'ils ont déja exercée, que quand on refuse de la leur donner, & quand on (a) les chasse de sa maison, que quand on leur en refuse la porte: & ce passage de St. Pierre, (b) *il leur eût mieux valu n'avoir point connu la voie de justice, qu'aprés l'avoir connuë se detourner arriere du saint commandement qui leur avoit été baillé*, n'est-il pas un arrêt de mort bien plus contre vos gens de delà la mer que contre les Ligueurs de France?

7. On ajoûtera que depuis la mort de Charles II. jusqu'aux derniers troubles la possession de Jaques II. n'a tenu qu'à un filet, & qu'on ne lui a été fidelle que faute de Competiteur qui se presentât. En effet peu aprés son

* Les Latins disoient, finis habet laudem, meta coronat opus. Les François disent, ce n'est rien de bien commencer qui ne persevere. a *Turpius eiicitur quàm non admittitur hospes.* b 2. Epitr. ch. 2. v. 21.

son couronnement le Duc de Monmouth êtant descendu en Angleterre si mal accompagné qu'au premier coup de tocsin on auroit pû s'assûrer de lui & de sa bande, ne laissa pas d'être reçu à bras ouverts par tout où il se presenta, & de se voir en peu de temps renforcé d'un grand nombre de personnes, & cela non pas sous le plausible pretexte de vouloir obtenir du Roi l'éloignement de quelques Ministres ennemis du bien public, mais en declarant expressement qu'il le vouloit detrôner, mais en se faisant saluer Roi, & en chargeant sa Majesté Britannique des plus noires & des plus infames calomnies sans un mot de preuve. * Si les troupes du Roi avoient eu du pire dans le premier choc, nous l'eussions vû à St. Germain des ce temps-là. Tout le monde a pû

* A sa declaration portoit qu'il vouloit punir selon toute la rigueur des loix. Jaques Duc d'Yorc comme usurpateur, meurtrier, traitre, tyran.

pû remarquer un mécontentement general dans vôtre parti contre les Eveques d'Angleterre, de ce qu'ils n'avoient pas donné les mains à l'exclusion du Duc d'Yorc: on leur a dit cent duretez pour cela dans quelques-uns de vos libelles, & l'on fait fort bien que la defaite du Comte d'Argyle en Ecosse, & celle du Duc de Monmouth en Angleterre chagrinerent cruellement vôtre Secte par toute l'Europe.

8. En suitte on vous prouvera que la Ligue ne se fondoit pas * moins pour exclurre le Roi de Navarre, sur les loix fondamentales de l'Etat, sur le serment que nos Rois font à leur sacre, sur leur qualité de fils ainé de l'Eglise, & de Roi Tres-Chrétien &c. que les Communes d'Angleterre se fondoient pour exclurre le Duc d'Yorc

* Voi dans les Actes de la Conference de Suresne la Harangue de l'Archevêque de

d'Yorc sur les loix fondamentales de la nation, & sur la qualité de Chef de l'Eglise, qualité qui de la maniere que s'en sont enfin expliquez les Theologiens du Païs, fatiguez des objections qu'on faisoit contre la 1. idée, peut aisement compatir avec celle de Catholique.

9. Enfin on vous soutiendra d'un côté que vous ne sauriez donner la moindre preuve de ce pretendu dessein d'exterminer les Protestans, & d'introduire le pouvoir arbitraire, & de l'autre que ce n'est point sur ce fondement que vous avez degradé le Roi de la grand' Bretagne, puis qu'en decidant avant toutes choses, & d'une façon generale, qu'il y a incompatibilité entre le Papisme, & les Couronnes qu'il portoit, vous avez decidé solemnellement que même au cas qu'il n'y eust eu rien

Lyon, & dans l'Hist. de la ligue de Maimbourg l. 4. ad ann. 1593.

à alleguer contre lui que sa Catholicité, il n'auroit pas laissé d'être deposable.

Cela étant quelle pitié ne seroit ce pas, si vous pretendiez nous citer par voie de recrimination quelques Bulles contre le Roi de Navarre, quelque decret de Sorbonne, quelques arrêts de Parlement contre ce Prince, & semblables pieces? Car nous avons toûjours proscrit les * bulles qui se sont mêlées du temporel, & si les ligueux y ont deferé, cela ne tire point à consequence, puis que tout ce qu'ils firent, ou qu'ils obtinrent des Universitez & des Parlemens, fut cassé bientôt aprés, en sorte que la memoire en est abolie, ou n'en subsiste plus dans les Histoires, que pour être detestée. Il y a donc bien de la difference entre vous & nous. Tous nos Catholiques n'ont pas été autrefois fidelles à leurs Monarques, mais nous les

* Voi dans les Auteurs citez cy-dess. p. 382. le traitement fait aux Bulles de Gregoire XIV. durant même que la Ligue étoit la plus furieuse.

les condamnons de tout nôtre cœur. Un grand Corps de Protestans est aujourdhui rebelle à son Roi, & vous l'en loüez de toutes vos forces; & si quelque particulier desaprouve le traitement fait à ce Roi vous le regardez comme un traitre.

Prenez garde je vous prie que la decision de l'incompatibilité du Catholicisme avec les 4. Couronnes qui ont été conferées au Prince d'Orange, savoir celle d'Angleterre, celle de France, celle d'Irlande & celle d'Ecosse, a êté faite par des assemblées qui ont declaré le trône vacant. Elles étoient donc alors revêtuës de tous les droits de la Souveraineté, & par consequent de celui de * Chef supreme de l'Eglise. Ainsi ce qu'il y a de plus éminent dans la Reforme, savoir la Grande Bretagne representée selon toute la Sou-

* Cela doit s'entendre de l'Angleterre, où

Souveraineté temporelle & spirituelle par une Convention qui ne reconnoissoit que Dieu au dessus d'elle, & qui s'est mise au dessus des loix les plus fondamentales de l'Etat à l'égard de la succession, a décidé solemnellement *que tous les Anglois, François, Irlandois & Ecossois sont dispensez* ipso facto *de tous sermens de fidelité qu'ils auroient pu prêter à leur Prince le plus legitime, qu'ils en sont,* dis-je, *dispensez dés le moment que ce Prince devient Catholique Romain.* Tout ce qu'il y a de Protestans sur la terre * ont aprouvé cette decision. On peut donc leur imputer ce dogme aussi seurement que l'on peut imputer aux Catholiques les Canons du Concile de Trente qui concernent les points de foi. En effet les doctrines qu'on apelle Universelles dans l'Eglise

cette qualité est reconnuë dans le Souverain.

* *Voi. cy-dessus pag. 138.*

glife deviennent telles ou parce qu'elles ont été decidées expreſſement par un Concile œcumenique, ou parce qu'elles ſont fondées ſur le conſentement unanime de tout le Corps. Puis donc que toutes les Sectes Proteſtantes ont conſenti aux deciſions de la plus éminente Compagnie qui ſoit dans la Reforme, ce ſera deſormais un de vos articles de foi les plus generalement aprouvez. Auſſi eſt-ce le dogme pour la deciſion duquel vous avez mis en feu toute l'Europe, que vous avez déja ſçellé (s'il en faloit croire vos Gazettes) du ſang d'une infinité d'Irlandois, & enfin auquel vous vous preparez d'immoler des millions & des millions d'hommes, car de la maniere que vous avez commis les Princes Chrêtiens pour l'amour de cet excellent Decret, on n'imagine

gine qu'une longue & affreuſe guerre avant la Paix generale. Merveilleuſe maniere & tout à fait digne de vôtre Reforme, de ſceller les articles de ſa foi, par le ſang activement repandu !

Mais Dieu ſoit loüé de ce qu'au moins la queſtion de fait ſera vuidée une fois pour toutes entre vous & nous. Nous n'avons jamais pu vous faire avoüer que vous aprouviez que les peuples diſpoſaſſent des Couronnes à leur fantaiſie, & ſur tout qu'ils en privaſſent ceux qui ne ſont pas Proteſtans. Mais il n'y aura plus moien de vous en dedire. C'eſt une deciſion faite dans la Grande Bretagne par les Proteſtans Conformiſtes & non Conformiſtes, & aprouvée par tous les autres en quelque part du monde qu'ils ſoient.

Il ne ſerviroit de rien de dire que cela ne regarde pas nos Rois, car

car outre que vous avez ôté au Roi Jaques II. le Roiaume de France que vous croïiez lui apartenir de droit, il est évident que les Anglois & les Ecossois ne peuvent pas avoir des Privileges que tout autre peuple Protestant ne se puisse donner quand il en trouvera l'occasion. L'incompatibilité decidée depuis peu sur quoi est-elle fondée que sur l'interpretation de certaines loix qui furent faites il y a cent ans plus ou moins ? Vous pourriez donc en faire de toutes semblables dans tous les Roiaumes du monde, si vous y aqueriez quelques forces. C'est aux Rois Catholiques à examiner s'ils peuvent prendre confiance en de tels sujets que vous.

Jugez par là, Monsieur, si le parti que je vous conseille de tenir, en cas que
Dieu

Dieu vous fasse la grace de retourner dans vôtre Patrie, n'est pas le seul que vous puissiez prendre, c'est de condamner la procedure des Anglois, comme nous condamnons celle de la ligue, & d'avoüer que le mal ne fut pas alors universel parmi les Catholiques, comme il l'est à cette heure parmi les Protestans.

Où sont parmi vous les Cours de Justice comparables au Parlement de Paris seant à Tours & à Chaalons, rompant ouvertement avec la Ligue, foudroiant * les Bulles des Papes qui excluoient du trône le legitime Successeur sous pretexte d'heresie, & verifiant les declarations de ce Successeur Heretique favorables à la secte?

Où sont vos Assemblées de Clergé (a) que l'on puisse mettre en parallele avec celle de Man-

* Cy-dessus pag. 382.

a Cy-dessus Ib.

Avis aux Refugiez. 405

Mantes & de Chartres sous Henri IV. encore Huguenot ?

Où sont parmi vous les particuliers qu'on puisse opposer, 1°. A un Cardinal de * Gondy Evêque de Paris, souffrant persecution (a) pour avoir exhorté son peuple à obeïr à celui que la succession appelloit à la Couronne. 2°. A un Archevêque de Bourges (b) soutenant qu'il faut reconnoître pour son Roi celui à qui la Couronne apartient par le droit de la naissance, sans avoir égard ni à ses mœurs ni à la Religion qu'il professe. 3°. A un Simon Vigor (c) Archevêque de Narbonne prêchant hautement contre la Ligue, & disant en propres termes, *quand nôtre Roi seroit infidel & idolatre, encore s'ils étoient vrais Chrêtiens, ainsi qu'ils disent être, ne devroient ils pas prendre les armes contre lui.* 4°. A un Claude de Mo-

* On sait que l'Archevêque de Canterberi souffre persecution, mais ce n'est point pour vouloir le retour du Roi, & tous les Protestans le detestent. a Cy-dessus Ib. b Cy-dessus pag. c Les extraits de quelques uns de ses Sermons, & du discours du Curé de S. Merri sont

*sont imprimez à la fin d'un Advis des affaires de France presenté au Cardinal Caetan Legat en 1590. & imprimé en 1615. is 8. * Ce discours se trouve à la fin de son livre de la sagesse.*

Morenne Curé de S. Merri, & depuis Evêque de Séez adressant au peuple François aprés la mort de Henri troisiéme un discours par lequel il est montré qu'il n'est pas loisible au subject de médire de son Roi, & encore moins prendre les armes contre sa *Majesté*, ou attenter à icelle pour quelque occasion ou pretexte que ce soit. 5. A un Pierre * Charron Chanoine Theologal à Condom écrivant à un Docteur de Sorbonne en 1589. un *discours Chrétien, qu'il n'est permis au sujet pour quelque cause & raison que ce soit de se liguer, bander & rebeller contre son Roi.* Permettez moi de vous en citer quelque chose.

Le commencement de mon ravissement est venu (dit-il, aprés avoir avoüé qu'il avoit eu un pied dans la Ligue, mais qu'il s'en étoit degagé) *d'une sentence* ce du bon *Cassiodore qui dit*, nullam satis justam causam videri posse adversus patriam arma capiendi, *qui m'est revenuë en memoire. Je ne veux point ici plaider la cause du Roi, ni entrer en accusation & justification du Roi & de la Ligue: force petits livres courent par tout sur cela. J'en ai veu quelques uns, & par tout il me semble que l'on peut ajoûter & aux accusations & aux justifications, tellement que le procez n'y est pas tout. Mais je veux que tout ce que dit la ligue du Roi soit vrai*, combien que tout ce qu'ils alleguent contre lui soit ou calomnie ou pure imposture, ou bien conjectures & divinations pour l'advenir, sur-quoi il ne seroit pas seulement permis de faire le procez au plus malotru du monde, & qui fust le plus abominable qui ait jamais été, & que l'on puisse imaginer.

Que

Que veut-on, que peut-on conclurre de cela, Qu'il est permis ou loisible aux François de s'élever avec main armée contre lui? per quam regulam *cela? y a t-'il loi, regle, decision, exemple qui serve à cela?*

J'ai cité ce long passage parce que j'y ai veu des lineamens du portrait de vos Parlementaires, qui de nos jours en 2. occasions differentes ont fait le procez à deux Rois, le pere & le fils, au premier jusques à sentence de mort, au dernier jusqu'à sentence de deposition, pour des sujets si mal prouvez, qu'ils n'auroient pas suffi à des juges bien integres pour infliger des amendes à un simple petit Fermier. Cela fait souvenir ici tout le monde d'un mot que l'on attribue au Cardinal de Richelieu touchant les Commissaires qui firent le procez au Maréchal de Ma-

Marillac, qu'il faut avoüer que les Juges ont des lumieres bien extraordinaires, & bien inconuës au reste des humains, que pour lui, en examinant les accusations de ce Maréchal, il ne trouvoit pas qu'il y eût dequoi faire fouëter un Page.

Quoi qu'il en soit vous devez reparation d'honneur aux partisans de la ligue, que vos Ecrivains ont accablez de mille opprobres. Il se trouve presentement selon vos principes que vos Ecrivains avoient tort, & que les Ligueux avoient raison. Si vous avez donc la conscience delicate, vous reparerez le tort que vous avez fait à l'honneur & à la memoire des Predicateurs & des Ecrivains de la Ligue, & vous condamnerez publiquement l'indiscretion, l'ignorance, & la preoccupation emportée de vos Auteurs. Vous devez

vez une semblable reparation à ceux qui se faisoient absoudre du serment de fidelité par le Pape envers la Reyne Elisabeth, car selon vos principes elle pouvoit étre deposée d'autant plus legitimement que le Roi Jaques II. que c'est un plus grand peché d'executer une chose, que d'étre soupçonné de la vouloir faire. Elizabeth engagée par son serment à maintenir la Religion Catholique dans l'état où elle la trouva à son avenement à la Couronne, l'abolit entierement, & l'on a seulement soupçonné Jaques II. de vouloir abolir la Protestante, qu'il avoit fait serment de maintenir. Nous vous attendons sur ces reputations d'honneur que vous nous devez.

Je consens que pour mieux faire savoir à tous les Refugiez ce que l'on dit ici d'eux, & ce que

que leur conseillent ceux qui ne haïssent pas vôtre parti, vous faciez imprimer ce livre, si vous le jugez à propos. Menagez seulement mon nom.

Retranchez en tout ce qui ne vous plaira pas, & changez y les choses comme vous le jugerez à propos.

S'il m'est échappé quelque pensée, ou quelque parole qui vous deplaise, je la desavouë, je la retracte de tout mon cœur.

Le Dieu de toute Grace, de qui descend toute bonne donation & tout don parfait, & sans qui c'est en vain que Paul plante, & qu'Apollos arrose, veuille verser sur vous les influences de son Esprit pour vous transporter du Roiaume des tenebres en celui de la merveilleuse lumiere du fils de sa dilection. Ainsi soit il.

Si l'heure n'est pas encore venuë

nuë pour cet heureux changement, fasse le Ciel qu'au moins vous soiez revetus des sentimens que tout honnête homme doit avoir pour sa patrie.

Je dis & dirai souvent à vôtre intention le VENI CREATOR SPIRITUS.

Je suis Monsieur, vôtre tres-humble, &c.

C. L. A. A. P. D. P.

A Paris ce 1. de Janvier 1690.

Fautes à corriger.

Pag. 50. lig. 12. lisez *custodiet* & non *tustodiet*. pag. 141. li. 3. lisez 4. *Facultez*, & non pas 3. *Facultez*. Pag. 144. à la marge otez *exilium*, & mettez *exitium*. Pag. 410. lig. 20. *reputation*, lisez *reparation*.

Le Lecteur est prié d'excuser les autres.

TABLE
Des choses principales.

L'Année 1689. a été differente de ce qu'en pensoient les Refugiez. pag. 1 & seq.
Grand nombre de Catholiques aises du retour des Refugiez. p. 4
Conseil aux Refugiez sur leurs écrits Satyriques. p. 7
Jugement sur ces Ecrits. p. 8
Si on peut les attribuer à tout le Corps. p. 13
Quel peché c'est que l'esprit satyrique. p. 15
Differens libelles parmi les Refugiez. p. 18 & seq.
Leurs Ancêtres introducteurs des libelles diffamatoires. p. 24, 28
Reglement des anciens Romains contre une telle licence. p. 25
Reponse aux excuses des Protestans touchant les libelles de leurs Ancêtres. p. 34 & suiv.
Erreur grossiere de Cuneus en

TABLE.

parlait des Peres qui ont satyrisé Julien l'Apostat. p. 43

Inutilité de cet exemple pour les Protestans. p. 45

Les Poëtes satyriques anciennement s'excusoient comme on excuse les Reformateurs. p. 49, 50

Opposition des satyres des Refugiez à la moderation des Catholiques d'Angleterre. p. 54

Moderation des François à l'égard du feu Pape. p. 57

Et à l'égard des Espagnols. p. 60

Les Espagnols alliez aux Heretiques aussi souvent qu'ils l'ont pu, & ce qu'ils ont fait envers Cromwel. p. 61 & suiv.

Doctrine seditieuse d'une infinité de libelles des Refugiez. p. 71

Contradiction dans la conduite des Protestans lors qu'ils écrivent contre le Pape, & pour les droits du peuple. p. 74

Comparaison de leurs écrits d'aujourdhui, avec le libelle de la

TABLE.

la politique du Clergé. p. 77 & suiv.

Contradiction des Protestans pour ce même tems. p. 85

Refutation de leur dogme favori de la Souveraineté du peuple; qu'il conduit à rendre les seditions impunissables. p. 89

Qu'il est refuté par la propre conduite presente des Protestans. p. 95

Qu'il ne peut-être que desagreable & pernicieux à ceux qui s'en sont servis depuis peu. p. 97 & suiv.

Passage de Camden *touchant la Reyne* Elizabeth. p. 100

Ce même dogme autorise chaque particulier à s'opposer à tout le corps. Reponse aux exceptions. p. 103

Preuve de la Reponse par le livre de l'Esprit d'Arnaud. p. 105

Et par un exemple pris des Provinces qui se confederent. p. 108

S 4 *Suittes*

TABLE.

Suittes de ce dogme, pernicieuses aux Protestans. p. 111

Refutation de ceux qui alleguent qu'il ne faut rien changer aux loix. p. 115

Combien les Anglois & les Allemans observent peu leurs loix. p. 116. & suiv.

Refutation de ceux qui disent que le serment de fidelité asseure le repos public. p. 121.

Comparaison du dogme de la Souveraineté du peuple, avec celui du droit des particuliers pour s'opposer au jugement de toute l'Eglise. p. 123 & suiv.

Uniformité presente des Protestans pour l'autorité de l'Eglise, & pour l'autorité des Magistrats. p. 128

Passage à ce sujet du Ministre Claude. p. 130

Ce que repondit Daillé sur l'objection du suplice du Roi Charles I. p. 136

Nul-

TABLE

Nullité presentement de ces reponses. p. 138 & suiv.

Aprobation generale des Protestans pour les dernieres revolutions d'Angleterre. Ib.

Que les Presbyteriens *ont autant contribué que les* Independans *aux anciens troubles d'Angleterre.* p. 145

Refutation de Daillé sur cela, & sur ce qu'il a dit que ceux qui ont retabli la famille Roiale en Angleterre n'étoient pas les mêmes que ceux qui l'avoient chassée p. 147

Nouvelles preuves que selon le dogme de la Souveraineté du peuple chaque particulier peut s'armer contre le gouvernement. p. 152

Par chaque particulier on entend aussi un Magistrat agissant sans l'ordre d'un Corps. p. 156

Selon Junius Brutus, c'est assez
S 5 d'un

TABLE.

d'un seul Magistrat d'un Echevin par exemple pour faire prendre les armes au peuple. p. 157 & suiv.

C'est aussi le sentiment des Protestans de Magdebourg. p. 161

Que leurs Principes ou ne prouvent rien, ou prouvent que le moindre artisan a droit d'exciter à la sedition. p. 163

Que les comparaisons de Junius Brutus conduisent à cela même. p. 168

Preuve tirée d'un de ses passages & d'un autre des Protestans de Magdebourg. p. 172, 173

Que ces Auteurs par une contradiction visible ont donné gloire à la verité. p. 175.

Observations sur ces passages p. 178 & suiv.

Prerogatives de la ROIAUTÉ. p. 118

Impossibilité de mettre en pratique la doctrine de ces gens là selon leurs

TABLE.

leurs restrictions. p. 183
Absurdité de Junius Brutus à l'égard des raisons pourquoi David ne resista pas à Saul. p. 187
Son abus horrible de l'Ecriture. p. 189
Meilleure foi de Knox, & de Goodman à avoüer le droit de chaque personne privée pour se soulever. p. 193
Ce qu'avoient repondu cy-devant les protestans quand on leur objectoit Buchanan, Junius Brutus &c. p. 197
Mauvaise foi ou ignorance de ces reponses. p. 201 & seq.
Quel homme c'etoit que Buchanan. Ib.
Quel est l'Auteur deguisé sous le nom de Junius Brutus. p. 205
Ce que ce seroit qu'un Pape Huguenot. p. 210
Horribles libelles traduits de l'Anglois par des Refugiez. p. 212
Les Calvinistes ennemis des puissances plus que les autres Protestans. p. 216 & suiv.
Preuves par la conduite precedente de l'Eglise Anglicane. p. 219 & suiv.
Reflexion sur une lettre de Bochart de Caen. p. 222

S 6   Et

TABLE.

Et sur la presente conduitte de l'Eglise Anglicane. p. 230

Reflexions sur l'entreprise des Vaudois. p. 233 & suiv.

Les Protestans conviennent par tout que les Souverains ont droit de bannir certaines personnes, même pour la Religion, sans que ces personnes banies injustement puissent declarer la guerre à leur patrie. p. 235 & suiv.

Passage de Mr. Claude retorqué sur ce que la Religion est convertie en crime d'Etat. p. 238

Ce qui fut fait en Suede à la Reyne CHRISTINE. p. 239

Aplication de ce que dessus aux Vaudois. p. 242

Le droit des gens condamne les hostilitez exercées sans l'ordre d'un Souverain. p. 246 & suiv.

Même lors qu'il ne s'agit que de reprendre son bien. p. 248, 252

Si l'on peut excuser les Vaudois sur l'argent qu'ils ont recu & sur la connivence des Suisses. p. 253

Passage des Essais de Morale contre les guerres civiles. p. 257

Morale des Payens sur ce que l'on doit à sa PATRIE, renversée par les Vau-

TABLE.

Vaudois. p. 258 & suiv.
Mauvaise distinction, qu'on ne veut pas ruiner sa patrie, mais la soumettre à un meilleur Gouvernement. p. 264. 273
Exemples païens de l'amour pour leur patrie ingrate & injuste, p. 265
Les Païens s'éleveront en jugement contre les Vaudois, les Colignis, & les Rohans. p. 269. 271
Ce que les Vaudois ont été banis pour leur Religion aggrave le crime de leur irruption. p. 276
Reflexion sur la maniere dont Dieu delivra son peuple d'Egypte & de Babylone. p. 279. 183
L'exemple des Macchabées ne peut point servir aux Protestans. p. 286
Trois circonstances qui aggravent la faute des Vaudois. p. 288 & suiv.
Condamnation par l'Ecriture des écrits tant Satyriques que seditieux des Protestans. p. 297
Utilité importante que les Catholiques tirent de cet esprit Protestant. p. 301. 310
Vains & méchans efforts des Protestans pour diminuer leur difference de la primitive Eglise. p. 303. & suiv.

Re-

TABLE.

Reflexions sur ce qu'ils disent des Chrêtiens sous Julien l'Apostat. p. 388

Ils ne peuvent pas se prevaloir de ce qu'on a pu faire quelquefois dans l'Eglise Romaine. 315

Leurs excessives esperances il y a un an. p. 316. 325

Exploits des Alliés dans la derniere Campagne. p. 317

Exploits des François. p. 321

Combat imaginaire des Gazetiers de Hollande en Catalogne. p. 322

Qu'elle doit être la mortification des ennemis de la France d'avoir fait si peu de chose. p. 325

Les Suisses &c. sont une preuve que les François sont de bons voisins. p. 327.

Deux raisons qui devoient faire que la 1. Campagne des Alliés leur sust plus heureuse.

1. *Ils se preparoient de longue main.* p. 329

2. *Ils sont en grand nombre.* p. 334

Fetrissure d'Innocent XI. par les éloges des Heretiques. p. 337

La gloire de la France plus haut l'année passée qu'elle n'avoit encore été. p. 340. 350

La

TABLE.

La présente Ligue plus formidable que celle de l'autre guerre. p. 341

Le Roi est seul à soutenir les interéts de l'Eglise. p. 343

La Maison d'Austriche étoit autrefois secouruë par quantité de Princes Catholiques lors qu'on se liguoit contre elle. p. 345

Elle est à present unie contre les interêts de l'Eglise. ibid.

La grandeur presente de la France est l'ouvrage du Roi. p. 348

Vaine recrimination de nôtre pretenduë liaison avec les Turcs. p. 351

Les libelles contre la France destituez de preuves. p. 354

Les Victoires sur le Turc confondent Drabicius. p. 357.

Plus utiles que prejudiciables à la France. p. 361

Réponse aux insultes faits à la France dans les libelles des Refugiez sur les revolutions de SIAM. p. 365.

Les Controverses des Protestans empirées depuis 5, ou 6. ans. p. 373

Nous vengeons l'Ecriture contre eux. p. 374

Ils ont supposé des Propheties. p. 376

Qu'ils ne peuvent plus nous reprocher la ligue pour l'exclusion du Roy de Na-

TABLE.

Navarre. p. 381
Ce que leur répondit le Cardinal de Richelieu. p. 379
Parallele entre le Roi de Navarre & le Duc d'Jorc. p. 382 & suiv.
Differences à l'avantage des Catholiques dans ce parallele. p. 388. & suiv.
Consideration sur les scrupules de l'Archevêque de Cantorberi. p. 389
Sur l'invasion du Duc de Monmouth. p. 393
Et sur la decision de l'incompatibilité du Papisme avec les Couronnes d'Angleterre, &c. p. 399
Noms de quelques Catholiques illustres fideles à Henri le Hugnenot. p. 405.
Beau passage de Charron. p. 407

Fin de la Table.

www.ingramcontent.com/pod-product-compliance
Lightning Source LLC
Chambersburg PA
CBHW051825230426

43671CB00008B/838